역사지리로 보는 성경

구약편 | 부록-지도 그리기

역사지리로 보는 성경

지은이 | 이문범
초판 발행 | 2017. 12. 4
13쇄 | 2025. 3. 14
등록번호 | 제1988-000080호
등록된 곳 | 서울특별시 용산구 서빙고로65길 38
발행처 | 사단법인 두란노서원
영업부 | 2078-3333 FAX | 080-749-3705
출판부 | 2078-3331

책 값은 뒤표지에 있습니다.
ISBN 978-89-531-3018-0 04230
ISBN 978-89-531-2810-1 04230(세트)

독자의 의견을 기다립니다.
tpress@duranno.com www.duranno.com

두란노서원은 바울 사도가 3차 전도여행 때 에베소에서 성령 받은 제자들을 따로 세워 하나님의 말씀으로 양육하던 장소입니다. 사도행전 19장 8~20절의 정신에 따라 첫째 목회자를 돕는 사역과 평신도를 훈련시키는 사역, 둘째 세계선교(TIM)와 문서선교(단행본·잡지) 사역, 셋째 예수문화 및 경배와 찬양 사역, 그리고 가정·상담 사역 등을 감당하고 있습니다. 1980년 12월 22일에 창립된 두란노서원은 주님 오실 때까지 이 사역들을 계속할 것입니다.

목차

첨부된 지도를 다음과 같은 방법으로 그리면서 말씀을 공부해 보자. 고생한 만큼 기억에 많이 남는다. 이 책 뒤에 완성된 지도도 첨부했으니 자신이 그린 지도와 비교해 보자.

01 지도를 그리기 전 준비물: 컬러 사인펜(빨강, 노랑, 파랑, 주황, 초록, 검정 등)과 검정 볼펜 등

02 각 색깔은 의미가 있다.

- 전쟁 시 아군은 초록색이다.
- 전쟁 시 적군은 파랑색이다.
- 전쟁 시 중간은 주황색이다.
- 갈색은 지역 이름을 기록할 때 사용한다.
- 검정은 사건을 기록하거나 기타 용도로 사용한다. 사건 당시 고고학 유적이 발견되거나 문서에서 언급된 지명이다.
- 노랑은 중요한 지점을 덧칠하는 데 사용한다.
- 빨강은 전쟁터나 파괴된 곳 등 중요한 지역이다.
- 검정 볼펜은 세부적인 사건을 작게 기록할 때 사용한다.

03 화살표

a. 진행 화살표: 움직이는 경로나 침략, 피신 표시(→)

b. 추적 화살표: 피신하는 화살표 뒤에 두 개의 화살표로 표시한다(→→).

04 지명 주위에 원이나 사각 두르기: 원의 색깔로 그곳이 어떤 민족에게 속해 있는지 알려주고 빨강은 전쟁 중임을 보여 준다.

05 빨강 접점은 전투 장소를 표시한다.

06 점선은 지역의 경계나 움직이는 경로가 불확실하거나 소수가 움직일 때 사용한다.

07 지도 번호가 어느 시대 어떤 위치에 있음을 함축하고 있다.

08 원어와 지명이 히브리어 또는 헬라어와 다르게 번역되어 혼란스러운 경우가 많다. 우리나라 성경이 기본적으로 어떻게 지명을 번역했는지를 알아 둘 필요가 있다.

1) 개역성경은 원어를 번역할 때 격음을 모두 피하였다. 예) ㅋ→ㄱ , ㅌ→ㄷ, ㅍ→ㅂ

2) 영어의 [e]발음은 가끔 [으]로 번역되었다. 이는 히브리어 또는 인도-유럽어의 쉐아(schwa, 단어의 앞에서는 [에] 발음이 나고 단어의 중간에서는 약한 [으] 발음이 난다)를 어떻게 받아들였느냐의 차이이다.

3) 격음이 받침으로 사용되면 대개 [ㅅ] 발음 처리하였다. 예) Beith베이트 → 벳 혹은 벧

09 지도의 방향을 주의하라. 성경적 개념은 동쪽이 앞, 서쪽이 뒤, 북쪽이 왼쪽, 남쪽이 오른쪽이다.

10 도로 표시: 회색으로 된 지도의 얇은 선은 지방도로를 말한다. 도로 중에 빨강으로 인쇄된 부분은 국제적으로 이용된 대로(大路)다.

11 도시 색깔은 검정과 빨강으로 되어 있다. 빨강색 도시는 그 지도 사건에서 중요한 역할을 하고, 검정색 도시는 사건의 배경이 되는 곳이다. 그러므로 때로는 예루살렘과 같이 중요한 도시도 어떤 지도에서는 배경이 되어 검정으로 인쇄되었다.

12 지도 그리기의 해답은 이 책 뒤에 수록했다.

창세기 1 그리기

에덴동산

에덴동산이 어디인지 확실하지 않으므로 성경에 나오는 지명만을 짚어 가며 그 위치를 대강 추정해 본다.

01 강 이름에 노랑으로 밑줄 긋기

에덴에서 발원하는 강이라 추정되는 네 강 이름에 노랑으로 밑줄을 그어라.

a. 유브라데와 힛데겔(티그리스)강은 메소보다미아의 좌우에 위치한다. '앗수르'라는 글자 좌우에서 시작하여 페르시아만으로 내려가면서 좁아지다 바다에 이르러 두 강이 서로 만난다. 두 강의 이름에 노랑으로 밑줄을 그어라.

b. 기혼강은 구스 땅을 둘렀기에 나일강의 상류다. 비손강은 하윌라 땅을 둘렀다고 하는데 하윌라가 나일강 남동쪽 상류로 예상된다. 그러므로 두 강이 합쳐진 나일강에 노랑으로 밑줄을 그어라.

노아 홍수

01 노랑 덧칠하기

오른쪽 위의 '아라랏산'이라는 이름을 초록으로 두르라.

02 초록 화살표 : 노아 자손 이동

아라랏산 근처에서 시작하여 시날 방향으로 긴 초록 화살표를 하라(글자를 기술적으로 피해 가며).

03 빨강 원 그리기 : 바벨탑 사건으로 언어 분열

유브라데강 하류, 시날 땅 주위에 빨강 원을 그려라

04 초록, 주황, 파랑 밑줄 긋기

창세기 10장을 보며 각 이름이 어디에 속하는가를 살펴보라. 셈에 속하는 이름은 빨강, 야벳에 속하는 이름은 주황, 함에 속하는 이름에는 파랑 밑줄을 그어라(일부는 나와 있지 않다).

1 노아의 아들 셈과 함과 야벳의 족보는 이러하니라 홍수 후에 그들이 아들들을 낳았으니
2 야벳의 아들은 고멜과 마곡과 마대(메대)와 야완과 두발과 메섹과 디라스요
3 고멜의 아들은 아스그나스와 리밧과 도갈마요
4-5 야완의 아들은 엘리사와 달시스(다시스)와 깃딤과 도다님이라… 바닷가의 땅에 머물렀더라
6 함의 아들은 구스와 미스라임과 붓과 가나안이요
7 구스의 아들은 스바와 하윌라와 삽다와 라아마와 삽드가요 라아마의 아들은 스바와 드단이며
13 미스라임은… 14 바드루심과 가슬루힘과 갑도림을 낳았더라 (가슬루힘에게서 블레셋이 나왔더라)
15 가나안은 장자 시돈과 헷을 낳고 16 또 여부스 족속과 아모리 족속과 기르가스 족속과 17 히위 족속과 알가 족속과 신 족속과
22 셈의 아들은 엘람과 앗수르와 아르박삿과 룻과 아람이요
29 오빌과 하윌라와 요밥을 낳았으니 이들은 다 욕단의 아들이며
(창 10:1-7, 13-17, 22, 29)

05 갈색으로 경계선 확인하기

범례를 확인하고 각 족속의 경계를 확인하라. 빨강과 파랑이 합쳐진 지역은 경계가 불확실하다. 크게 보아 셈은 아시아, 야벳은 유럽, 함은 아프리카에 위치한다. 그 중간지대는 어디인가? 앞으로 공부할 성경의 무대가 중간 완충지대다. 가나안의 중요성을 알 수 있겠는가?

06 아브라함의 경로 미리 보기 : 초록 화살표

a. 아브라함의 고향 우르에서 하란으로 화살표를 하라.

b. 하란에서 아람을 지나 가나안으로 화살표를 하라 : 아버지 데라가 죽은 후 출발하였다.

c. 가나안에서 애굽의 대해 가까운 삼각주 방향으로 화살표를 하라.

d. 화살표 왼쪽에 검정으로 '아브람'이라고 써라.

흑해
디라스
(로마)
헬라
야벳
고멜
도갈마
아라랏산
마곡
롯
야완
깃딤
두발
메섹
카스피해
다시스
갑돌(그렛)
엘리사
하란
아람
앗수르
니느웨
레센
갈라
앗술
메대
대해(지중해)
붓(?)
메소보다미아
악갓
아모리
기르가스
블레셋
바벨
가나안
헷
히위
여부스
비돔
에렉
엘람
바사
우르
시날땅
애굽
(이집트)
나일강
셈
함
드단
홍해
페르시아만
욕단(남아라비아)
구스
비손강
하윌라(오빌)?
북
서
동
남

창세기 2 그리기

전체 지명

01 화살표와 함께 글씨 쓰기

- a. 지도 남서쪽 가데스바네아의 왼쪽 그늘진 검정 바탕에, 서쪽(아래)을 가리키는 작은 검정 화살표와 함께 '애굽'이라고 써라.
- b. 지도 북쪽(왼쪽) 기나 왼쪽으로 검정 화살표를 하고 아래 '단'이라고 써라.
- c. '소돔-고모라' 글씨 옆 엘바란 위에 오른쪽을 향하는 검정 화살표를 하라.

롯과 하갈, 북방 왕 전쟁, 소돔과 고모라 멸망

01 주황색을 지명에 두르기 : 특별한 사건이 발생한 장소인 '예루살렘/살렘, 그랄(브엘세바 북서쪽)'에 주황색 원을 두르라.

02 화살표 그려 넣기 : 롯과 하갈의 이동

- a. 벧엘에서 여리고를 향하다 염해 아래(서쪽)를 따라 소돔과 고모라 쪽으로 주황 점선 화살표를 하고 그 아래 검정으로 '롯의 이동'이라고 써라.
- b. 헤브론에서 소돔과 고모라까지 검정 직선 화살표를 하고 그 아래 검정으로 '세 천사'라고 써라.
- c. 브엘세바에서 광야 방향으로 주황색 화살표를 하고 화살표 위에 '하갈'이라고 써라.

03 긴 녹색 화살표 그리기 : 아브람의 주요 이동로

- a. 북동쪽 라못길르앗에서 마하나임, 브누엘, 사르단을 지나 요단강을 넘고 디르사로 갔다가 세겜으로 화살표를 하라.
- b. 세겜에서 아이와 벧엘 사이에 화살표를 하라.
- c. 벧엘과 아이 사이에서 브엘세바까지 화살표를 하라.
- d. 브엘세바에서 그랄을 향하다 지도 마지막 아래까지
- e. 지도 아래에서 다시 올라와 브엘세바까지
- f. 브엘세바에서 벧엘까지
- g. 헤브론에서 단 방향까지 굵은 화살표를 하고 그 아래 '그돌라오멜 추격'이라고 써라.

04 파랑 화살표 그리기: 그돌라오멜 연합군 침략

- a. 지도의 북동쪽 끝에서 시작하는 파랑 화살표가 가르나임과 아스다롯을 향한다.
- b. 아스다롯에서 검정 길을 따라 기랴다임으로 향하라.
- c. 기랴다임에서 왕의 대로를 따라 '세일'이라고 쓴 곳까지 빨강 길을 따라가라.
- d. 세일에서 엘바란으로 화살표를 향하라.
- e. 엘바란에서 지도 오른쪽 가장자리를 따라 아래로 향하다 가데스바네아까지 향하라.
- f. 가데스바네아에서 빨강 길을 따라 다말까지 향하라. 이어서 다말에서 소돔-고모라까지 향하라.
- g. 기랴다임에서 세일로 향하는 파랑 화살표 위에 검정으로 '그돌라오멜 연합군'이라고 써라.
- h. 승리하고 돌아오는 아브라함은 살렘에서 멜기세덱을 만난다. 살렘 위에 '멜기세덱'이라고 써라. 글씨 오른쪽에 '이삭 드림'이라고 써라.

05 이삭의 생애

- a. 하갈 화살표 아래 '이삭 아내 만남'이라고 써라.
- b. 그랄 아래(서쪽)에 '이삭 농사와 우물'이라고 써라.

라못길르앗
가르나임
아스다롯
벧아르벨
함
아로엘
아델
기랴다임?
벧하람
브누엘
마하나임
숙곳
페헬
사르단?
밥엣드라
세일
벧산
르홉
염해(사해)
소알
엘바란
소돔-고모라
여리고
단
디르사
엔사미야
기나
세겜
도단
아이
벧엘 루스
살렘
다말
다아낙
예루살렘
베들레헴
에브랏
므깃도
마므레?
헤브론
기랏아르바
가나안
벧술
아랏
믹달?
아벡
벧세메스
에글론?
호르마?
룻다
게셀
텔벧미르심
라기스
남방(네게브)
벧엘세바
가드림몬?
욥바
텔나길라
에글론?
텔몰
그랄
광야
대해(지중해)
아스글론
가사
텔엘파라
유르자?
가데스바네아
동
북
남
서

창세기 2

창세기 3 그리기

야곱의 도망과 귀환

01 갈색으로 글씨 쓰기

- a. 지도 창세기 2의 것과 같은 위치에 가나안, 남방(네게브), 세일, 염해, 대해(지중해), 애굽을 쓰고, 애굽 옆에 아래로 화살표를 넣으라(애굽과 화살표는 검정으로 쓴다.).
- b. 여리고 위 요단강에 '요단 계곡'이라고 써라.
- c. 지도의 북동쪽 부분에서 마하나임 지역을 흐르는 계곡을 찾아라. 이 계곡을 따라 세로로 '얍복강'이라고 써라.
- d. 얍복강의 동쪽(위쪽) 공간에 큰 글씨로 '길르앗'이라고 써라.
- e. 왼쪽 위 모서리에 북동쪽을 향하는 검정 화살표와 함께 작은 글씨로 '밧단아람'이라고 써라. 야곱이 도망한 방향이다.

02 긴 초록색 화살표와 검정 글씨

- a. 남방의 브엘세바에서 검정 길(족장의 도로) 아래를 따라 벧술, 예루살렘을 지나 벧엘까지 그리고, 그 아래 검정으로 '사닥다리'라고 써라.
- b. 벧엘에서 검정 길을 따라 디르사로 간 후 사르단 쪽을 향하다 왕의 대로인 빨간 선까지 가고 그곳에서 라못길르앗 쪽으로 빠져나가라.
- c. 왼쪽 모서리에서 왕의 대로(빨강선)를 따라오다 얍복강 쪽으로 향하여 마하나임이 있는 브누엘까지 향하여
- d. 브누엘 오른쪽에 '이스라엘'이라고 써라.
- e. 브누엘에서 세겜까지 도로를 따라서 그려라.
- f. 세겜에 '엘엘로헤이스라엘'이라고 써라.
- g. 세겜에서 벧엘까지 화살표하고 벧엘과 살렘 사이에 '알론바굿'이라고 써라.
- h. 벧엘에서 헤브론까지 화살표하고 베들레헴 위에 '베냐민 출산'이라고 써라.

요셉이 팔려 감

01 주황 화살표

- a. 헤브론에서 세겜까지, 세겜에서 도단까지
- b. 도단에서 빨강 해변길로 내려가 아벡까지 간 후 에글론, 그랄, 유르자를 거쳐 지도 밖으로 빠져나가는 화살표를 하라.
- c. 아벡 근처부터 화살표 아래에 검정으로 '요셉이 팔려 감'이라고 써라.

라못길르앗
벧아르벨
함
아로엘
아델
기랴다임?
브누엘
마하나임
숙곳
페헬
사르단?
벧산
르홉
소알
여리고
디르사
엔사미아
기나
세겜
아이
도단
다아낙
벧엘, 루스
살렘
예루살렘
베들레헴
에브랏
므깃도
다말
마므레?
헤브론
기럇아르바
벧술
아랏
믹달?
벧세메스
호르마?
아벡
룻다
게셀
에글론?
텔벧미르심
라기스
브엘세바
가드림몬?
욥바
텔나길라
에글론?
텔몰
그랄
아스글론
가사
텔엘파라
유르자?
가데스바네아
동
북
남
서
창세기 3

출애굽 1 그리기

출애굽 시작(출애굽기)

01 초록 화살표와 검정 글씨

a. 라암셋에서 숙곳을 향하여 화살표를 하고, 라암셋 아래 '유월절(구원)'이라고 써라.

b. 숙곳에서 호수 모양을 지난 후 화살표를 그치라. 성경의 홍해로 보이는 호수 왼쪽에 '홍해(세례)'라고 써라.

홍해에서 시내산까지(출애굽기)

c. 이전 화살표에 이어 마라까지 화살표하고 마라 위에 '여호와 라파(눈/가치관)'라고 써라.

d. 마라에서 신 광야까지 화살표하고, 신 광야 글씨 위에 '만나(말씀)'라고 써라.

e. 신 광야에서 르비딤까지 화살표하고, 르비딤 아래 '맛사(성령), 여호와 닛시(기도)'라고 써라.

f. 르비딤에서 시내산까지 화살표하고 시내산 아래 '성막/율법'이라고 써라.

시내산에서 가데스바네아까지(민수기)

a. 시내산에서 다베라까지 화살표를 그리고 다베라 오른쪽에 '여호와의 불'이라고 써라.

b. 다베라에서 기브롯핫다아와까지 화살표하고 기브롯핫다아와 아래에 '탐욕의 무덤'이라고 써라.

c 기브롯핫다아와에서 하세롯으로 짧은 화살표를 한 후 하세롯 위에 '미리암 나병'이라고 써라.

d 하세롯에서 가데스바네아까지 화살표하고 가데스바네아 아래에 '정탐과 40년'이라고 써라.

가데스바네아부터 모압 평지까지

a. 가데스바네아에서 헤브론으로 향하다 그 앞에서 오른쪽 딥나로 향하라. 딥나 위에 '놋뱀'이라고 써라.

b. 딥나에서 바다 방향으로 향하다 유턴하여 에돔 방향으로 향한 뒤 모압 글씨 위로 돌아 암몬과 느보산 사이(모압 평지)로 향한다. 암몬 아래 '신명기'라고 써라.

암몬
압복강
아르논강
세렛강
느보산
모압
아라비아
부논
에돔
아랏
가나안
헤브론
세일산
미디안 광야
시내산?
딤나
신(Zin) 광야
가데스바네아
바란광야
하세롯?
홍해
기브롯핫다아와?
다베라?
시내산
시내광야
대해(지중해)
르비딤
신 광야
술 광야
마라
홍 해
얍숩(홍해)?
노아몬
고 센
숙곳
비돔
라암셋
애 굽
나일강
동
북
남
서
아마르나

출애굽 1

민수기 1 그리기

광야 전체 상황

01 갈색으로 글씨 쓰기

a. 왼쪽 헤브론 위에 큰 글씨로 '산지'라고 써라.

b. 호르마와 시글락 사이 큰 공간에 '네게브(남방)'이라고 써라.

c. 가데스바네아의 오른쪽 가장 넓은 공간에 '광야'라고 써라. 이 광야는 바란 광야다.

d. 중간 살모나와 다말 사이 흰색 공간에 길게 '아라바 광야'라고 써라.

e. 레겜 위 빨강 선 위에 작은 글씨로 길을 따라 '왕의 대로'라고 쓰고 왼쪽 넓은 공간에 큰 글씨로 '에돔'이라고 써라.

f. 지도의 북동쪽 호수에 '염해'라고 써라.

g. 염해로 내려오는 계곡 중 디본과 아르 사이에서 염해 속으로 흘러가는 큰 계곡에 길게 '아르논강'이라고 쓰고, 소알 곁의 습지 속으로 달리는 큰 계곡에 '세렛강'이라고 써라.

h. 아델 바로 남쪽 아르논강과 세렛강 사이에 '모압'이라고 써라.

가데스바네아 도착과 출발

01 긴 초록 화살표

a. 지도 오른쪽 가장자리 아브로나에서 검정 길을 따라 가데스바네아까지 화살표를 하고 가데스바네아를 초록 동그라미하라.

b. 가데스바네아에서 호르산까지 화살표를 한 후 호르산 위에 '아론 죽음'이라고 써라.

c. 호르산에서 빨강으로 인쇄된 도로를 경유해서 호르마까지 화살표하라.

d. 호르마에서 다말까지 간 후 오른쪽으로 꺾어 팀나까지 가라. 가는 길에 길이 없어도 그냥 직진하라. 팀나 아래 '놋뱀'이라고 써라.

e. 팀나에서 엘랏까지 화살표를 하라.

f. 엘랏에서 검정 선을 따라 살모나까지 가서 부논으로 올라가 이예아바림까지 화살표를 하라. 검정 점선을 엘랏에서 왕의 대로 위쪽으로 이예아바림까지 화살표하라. 이 점선은 가능한 또 하나의 경로다.

g. 이예아바림에서 그데못까지 화살표를 하라.

h. 그데못에서 야하스 방향으로 화살표를 하고, 그데못에서 알몬디브라임 방향으로 다른 화살표를 하고, 야하스 아래에는 갈색으로 '길르앗'이라고 써라.

02 전쟁 표시를 위한 빨강 점점(*) 표시

a. 네게브 지역의 호르마 아래 * 표시하라. 모세가 아랏왕에게 보복하였다.

b. 아르논강 위 그데못 위에 * 표시하라. 헤스본왕 시혼과 전쟁한 장소로 신명기 1 지도에서 자세히 다룬다.

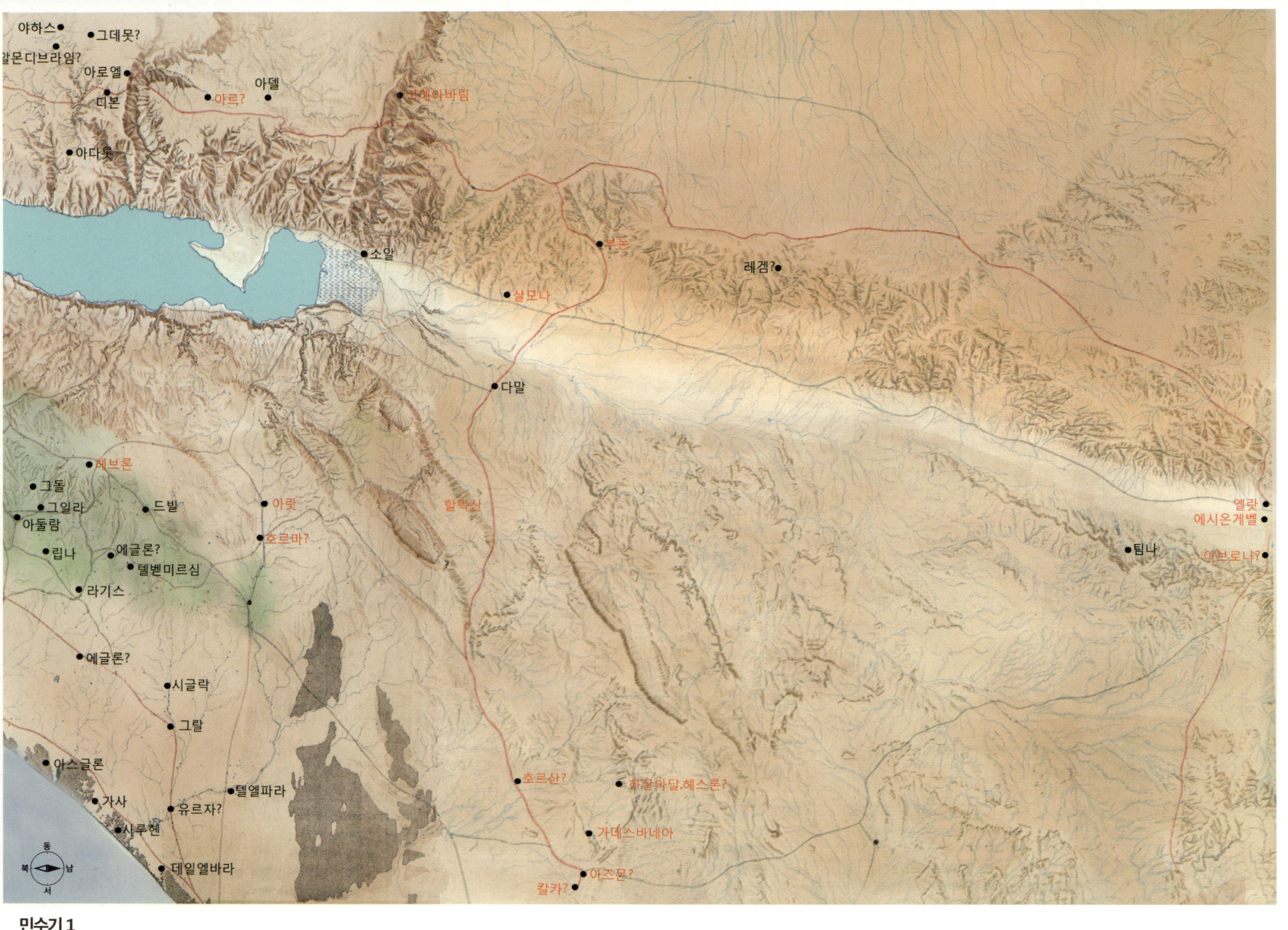

야하스
그데못?
알몬디블라다임?
아로엘
디본
아르?
아델
이예아바림
아다롯
소알
부논
레겜?
살모나
다말
헤브론
그돌
그일라
아둘람
드빌
아랏
호르마?
할락산
립나
에글론?
텔벧미르심
라기스
엘랏
에시온게벨
아브로나?
팀나
에글론?
시글락
그랄
아스글론
텔엘파라
가사
유르자?
사루헨
데일엘바라
호르산?
하잘아달.헤스론?
가데스바네아
아즈몬?
갈가?
동
북
남
서

민수기 1

신명기 1 그리기

요단 동편 개관

01 갈색으로 글씨 쓰기

- a. 지도의 남쪽 바다 위에 '염해'라고 써라.
- b. 요단강을 따라 도시 아담의 남쪽에, 강의 바로 동쪽을 따라서 작은 글씨로 '요단강'이라고 써라.
- c. 지도의 남쪽 끝에서 염해 동쪽에 있는 깊은 계곡을 찾아라. 계곡을 따라 '아르논강'이라고 갈색 혹은 청색으로 써라.
- d 요단 동편에서 숙곳 바로 동쪽에, 아담의 북동쪽과 동쪽에서부터 요단강으로 달리는 깊은 강 계곡에 '얍복강'이라고 써라.
- e. 지도의 남동쪽 모서리에 베셀, 야하스, 그데못, 그리고 알몬디브라임 사이 공간에 '메드바 고원'이라고 써라.
- f. 염해의 바로 북동쪽 공간 벧여시못 위에 '모압 평지'라고 쓰고 초록 원을 두르라.
- g. 염해와 베들레헴 사이의 공간에 '(유다) 광야'라고 써라.
- h. 베들레헴과 헤브론 사이의 공간 그돌의 바로 동쪽에 '산지'라고 써라.

02 파랑으로 글씨 쓰기

- a. 지도의 서쪽 중심 공간에, 그리심산의 서쪽 공간에 큰 글자로 '가나안'이라고 써라.

가나안 동쪽 접근로

01 파랑 점선으로 랍바암몬과 욕브하 사이를 아랫면으로 하여 위쪽 지도 끝까지 'U'자 모양으로 그리고 랍바암몬 위에 파랑으로 크게 '암몬'이라고 써라.

02 '야하스, 헤스본, 야셀, 아드레이'를 빨강 사각으로 두르라. 모세가 정복한 도시들이다.

03 긴 초록 화살표

- a. 지도의 남동쪽 끝 모서리로부터 야하스까지 화살표하고 그데못 위에 빨강 접점(*) 표시를 하라. 그리고 그 아래 검정으로 '헤스본왕 시혼'이라고 써라.
- b. 야하스에서 헤스본까지
- c. 헤스본에서 욕브하 아래까지, 거기서 라못길르앗을 넘어 에드레이까지 화살표를 한 후 에드레이를 빨강 사각으로 두르고 그 아래 * 표시를 한 후 아래 '바산왕 옥'이라고 써라.

가나안 진군(여호수아)

01 긴 초록 화살표

- a. 모압 평지에서 여리고까지 화살표한 후 여리고를 빨강 사각으로 두르고 사각 왼쪽에 * 표시를 하라.
- b. 여리고에서 아이까지 화살표하고 아이와 벧엘 사이에 빨강으로 * 표시를 하라.
- c. 아이에서 그리심산까지 화살표하고 그리심산과 에발산을 큰 초록 원으로 두른 후 그 안에 검정으로 '축복과 저주'라고 써라.

02 '기브온, 브에롯, 그비라, 기럇여아림' 네 도시 점에 주황색을 입히고 기브온과 브에롯 아래 검정으로 '기브온 족속'이라고 써라.

에드레이
라못길르앗
랍바암몬
베셀?
야하스
그데못?
욕브하
야셀?
엘레알레
헤스본
메드바
알몬디블라다임?
아로엘
디본
함
느보산
벧브올?
기랴다임?
바알므온.브온
가몬
벧하란
비스가
야베스길르앗
브니엘
마하나임
아벨싯딤
아다롯
벧님라
숙곳
벧여시못
페헬
사르단?
사르단?
아담
베다니
벧산
르홉
함맛
아나하랏?
길갈?
여리고
베섹
디르사
수넴
기나
이블르암
오브라?
에발산
세겜
그리심산
아이
도단
벧엘
예루살렘
다아낙
베들레헴
므깃도
기브온
브에롯?
마나핫
욕느암
그바라
기랏여아림
그돔
헤브론
아루나
동
남
북
서

신명기 1

신명기 2 그리기

개관

01 갈색과 파랑 글씨 쓰기

a. 지도의 남쪽 바다 위에 갈색으로 '염해', 아래 바다에 '대해(지중해)'라고 크게 써라.

b. 요단강을 따라 도시 아담의 남쪽에 파랑 글씨로 작게 '요단강'이라고 써라.

c. 지도의 남쪽 끝 염해의 동쪽에서 깊은 강 계곡들을 찾아 파랑 글씨로 소알 위에 '세렛강'이라 적고, 아로엘 아래 '아르논강', 마하나임이 있는 곳에 '얍복강'이라고 적어라.

d. 갈색으로 요단 동편 왕의 대로 남쪽인 길하레셋 위에 '모압', 얍복강 왼쪽에 '길르앗', 골란 아래 '바산'이라고 크게 써라.

e. 암몬은 앞에 그린 신명기 1 지도처럼 U자 파랑 점선을 그리고 '암몬'이라고 크게 적으라.

f. 느보산과 베다니 사이에 갈색으로 '모압 평지'라고 쓰고 초록 원을 두르라.

g. 갈색으로 남쪽 브엘세바 아래 '네게브', 그 아래 짙은 갈색 지역 사이를 '광야'라고 써라.

h. 중앙 산지 세겜 위에 한 줄 쓸 공간을 남기고 파랑으로 '가나안'이라고 크게 써라.

I. 오른쪽 가장자리 보스라 아래에 갈색으로 '에돔'이라고 써라.

가나안 동쪽 접근로

01 '야하스, 헤스본, 야셀, 에드레이'를 빨강 사각으로 두르라. 모세가 정복한 도시들이다.

02 긴 초록 화살표

a. 지도의 남동쪽 끝 에돔에서 모압 위를 둘러 아로엘까지 화살표를 하고 그데못 위에 빨강으로 * 표시를 하라.

b. 아로엘에서 야하스, 헤스본, 야셀까지 세 화살표를 하고, 그 아래 검정으로 '헤스본왕 시혼'이라고 써라.

c. 야셀에서 왕의 대로를 따라 에드레이까지 화살표를 하라. 에드레이를 빨강 사각으로 두르고 그 아래 * 표시를 한 후 아래에 '바산왕 옥'이라고 써라.

d. 에드레이에서 골란으로 화살표를 하라.

아마르나 시대의 가나안 상황

01 지명에 노랑 덧칠하기 : 아마르나 시대의 '아스글론, 라기스, 가드, 게셀, 므깃도, 시몬, 악삽, 악고, 두로, 하솔, 페헬, 예루살렘, 세겜. 아벡(=사론)에 노랑으로 덧칠하라.

02 '세겜'에 주황색 원을 두르라. 그리고 그 위에 검정으로 그들의 왕 이름인 '라바유'를 써라.

03 긴 파랑 화살표 : 세겜에서 시작하여 다른 지역을 향한 침략을 표현하기 위하여 화살표가 사방으로 뻗어 나가게 하라(가능하면 도로를 따라).

a. 예루살렘까지 b. 게셀까지 c. 아벡까지 d. 아벡과 므깃도 사이 해변길까지 e. 므깃도까지 f. 수넴까지

가나안 진군 요약(여호수아)

긴 초록 화살표를 모압 평지에서 여리고까지, 여리고에서 아이까지, 아이에서 그리심산까지 하라.

아스다롯
에드레이
길르앗라못
골란
랍바암몬
야하스
그데못?
아로엘
헤스본
야셀?
디본
헤르몬산
브누엘
마하나임
느보산
길하레셋
보스라
단
펠라
숙곳
아담
베다니
소알
하솔
게데스
벧산
여리고
메롬
다볼산
모레산
길보아산
엔게디
디르사
에브라임
수넴
에발산
세겜
그리심산
실로
기브아
예루살렘
도단
벧엘
라마
베들레헴
두로
시몬
므깃도
미스바
기브온
욕느암
악고
악삽?
벧호론
기럇여아림
헤브론
아랏
드빌
돌
사론?(아벡)
벧세메스
게셀
마레사
가드
에그론
라기스
브엘세바
욥바
아스돗
시글락
그랄
아스글론
가사
가데스바네아
유르사
동
북
남
서

신명기 2

여호수아 1 그리기 중부 정복

여리고의 지형

01 갈색으로 글씨 쓰기

a. 아담 오른쪽 파랑선을 따라가다 아래에 요단강(파란색)이라 쓰라. 벧여시못 위쪽에 '모압 평지'라 쓰라.

b. 벧엘의 북서쪽 크게 침식된 지역 도로들 사이에 '산지',

c. 여리고와 예루살렘 사이 공간, 와디 오른쪽에 '(유다) 광야'라고 써라.

02 파랑을 점에 입히기: 아이, 벧엘, 예루살렘에 파랑 점을 입히라.

03 파랑으로 글씨 쓰기 : 예루살렘의 바로 동쪽에 '여부스 족속'이라고 파랑 글씨를 써라.

04 기브온과 브에롯 도시 점에 주황을 덧입히고, 그 위에 검정으로 '기브온 족속'이라고 써라.

05 길갈에 초록 사각을 두르고 바로 왼쪽에 '여호수아 진영'이라고 써라.

06 굵고 긴 초록 화살표를 모압 평지에서 요단강까지 하고 요단강에 '건넘'이라고 써라.

07 요단강에서 길갈까지 화살표를 하라.

08 여리고라는 지명에 빨강 원을 두르고 여리고 점 왼쪽에 * 표시를 하라.

여리고 함락과 산지 공격

01 초록 화살표를 여리고에서 아이 방향 검정 도로를 따라가다 갈림길에서 파랑 물줄기 3개가 합쳐지는 지점까지 직진하라.

02 화살표 끝에 여호수아 진영이라고 두 줄로 쓰고 초록으로 사각을 두르라.

03 여호수아 진영에서 파랑 점선이 있는 물줄기를 따라 여리고 방향으로 가다 검정 길을 만나면 U턴하여 아이로 1cm 정도 나간다. 검정 길 위에 빨강 * 표시하라.

04 파랑 짧은 화살표를 벧엘에서 아이로, 아이에서 빨강 접점으로 나가라.

05 여호수아 진영에서 그리심산을 향하여 긴 초록 화살표를 하라.

06 에발산과 그리심산을 초록 원으로 두르고, 그 안에 검정으로 '축복과 저주'라고 써라.

* 초록 점선은 디르사 쪽 접근로다.

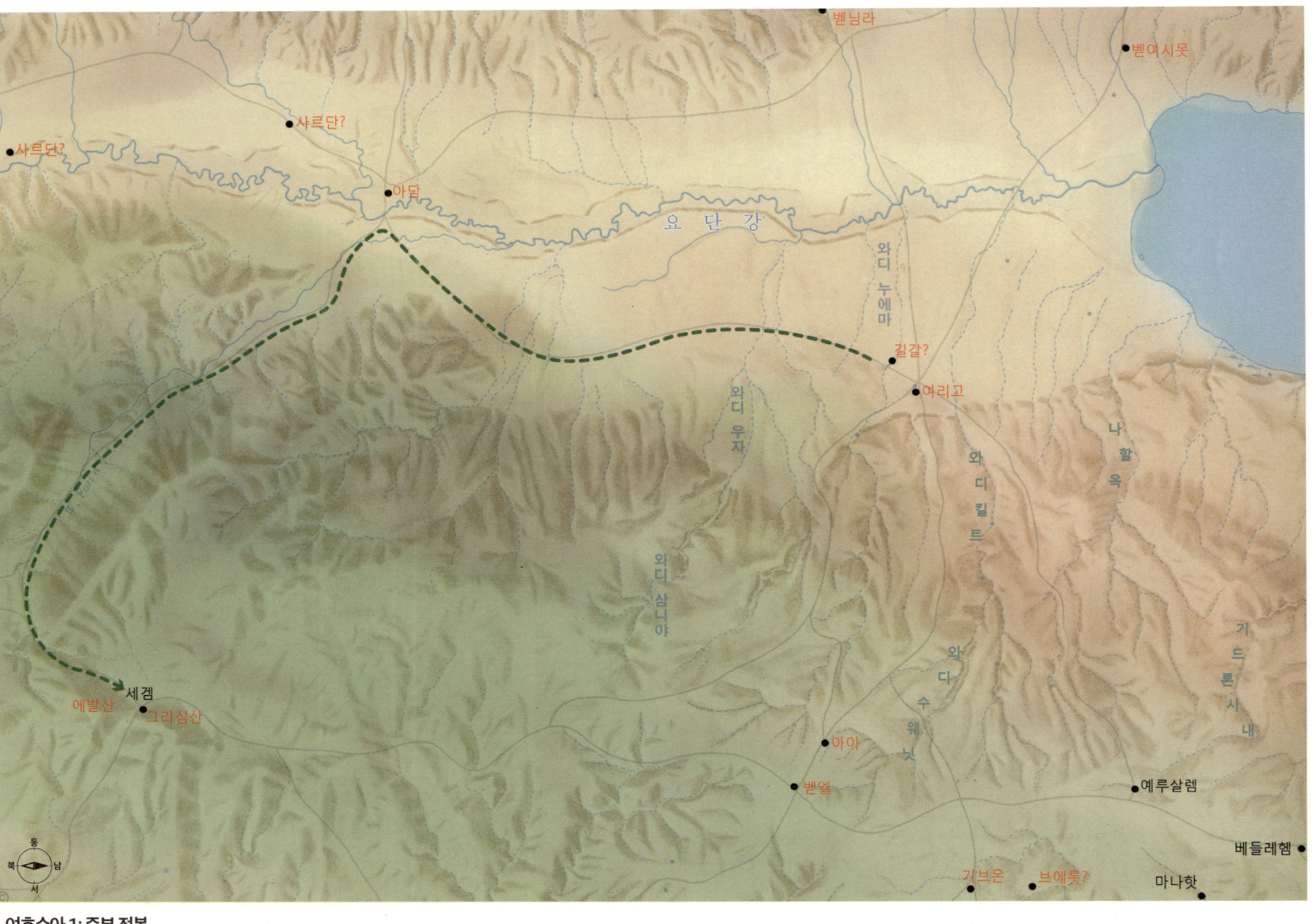
벧님라
벧여시못
사르단?
사르단?
아담
요단강
와디 누에마
길갈?
여리고
와디 우자
나할옥
와디 킬트
와디 삼니야
기드론 시내
와디 수웨닛
세겜
에발산
그리심산
아이
벧엘
예루살렘
베들레헴
기브온
브에롯?
마나핫
동
북
남
서

여호수아 1: 중부 정복

여호수아 2 그리기 남부정복

중부 지형

01 갈색으로 글씨 쓰기
- a. 지도의 동쪽 파랑 지역에 '염해',
- b. 지도의 중심, 그돌과 그일라 사이에 '산지',
- c. 지도의 중심 서쪽, 딤나와 깁브돈 사이에 '쉐펠라',
- e. 지도의 북서쪽 평평한 지역 아얄론 왼쪽 공간에 '아얄론 골짜기'를 세로로 적어라.
- f. 벧세메스 위쪽에 세로로 '소렉 골짜기'라고 적어라.
- g. 아둘람의 바로 왼쪽 공간에 세로로 '엘라 골짜기'라고 적어라.
- h. 헤브론과 염해 사이의 공간에 '(유다) 광야',
- i. 오른쪽 드빌과 호르마 아래 넓은 공간에 '네게브',

02 길갈 아래 초록으로 '여호수아 진영'이라고 두 줄로 쓰고 그곳을 초록 사각으로 두르라.

03 기브온족 도시인 기브온, 브에롯, 그비라 그리고 기랏여아림의 점에 주황 덧칠을 하라.

기브온 전쟁

01 여호수아서 10:3-5을 읽어라. 이스라엘과 화친한 기브온에 대항한 예루살렘과 헤브론, 야르뭇, 라기스, 에글론을 파랑 사각으로 두르라.

02 파랑 사각에서 굵고 긴 파랑 화살표를 기브온을 향하게 하라.
- a. 헤브론 지역에서 예루살렘까지 화살표하고 라기스에서 야르뭇까지 화살표하라.
- b. 야르뭇 동쪽 지역으로부터 검정 도로를 따라서 베들레헴 곁 헤브론-예루살렘 화살표와 함께 연결하라.
- c. 예루살렘에서 기브온까지 더 굵은 화살표로 하라.

03 기브온이 포위되었다는 소식이 여호수아에게 이르렀을 때 그는 즉각 반응했다. 이 사건은 성경에서 가장 극적인 사건 중 하나다. 언급되는 장소는 모두 유명한 곳이 된다. 여호수아서 10:6-14을 주의 깊게 읽어라. 고도의 차이를 기억하라: 여리고 해저 260m, 기브온 해발 750m, 아얄론 골짜기 해발 200m.

04 긴 초록 화살표는 여호수아의 야간 진격으로 길갈에서 기브온의 바로 동쪽 지점까지 하라. 포위된 기브온을 빨강 원으로 두르라.

05 초록으로 기브온에서 위 벧호론까지 추격 화살표(→→)를 하라. 위 벧호론에서 아래 벧호론으로 짧은 파랑 화살표를 하라.

06 여호수아서 10장에 언급된 남쪽 지역을 빨강 원으로 두르라: 두 벧호론과 골짜기 이름들과 립나, 아세가, 벧세메스, 랍바 등을 모두 포함하라.

기브온 전쟁 결과

01 쉐펠라와 남쪽 산지에서 벌어진 여호수아의 정복지인 립나에 ①, 라기스에 ②, 파랑 네모 에글론에 ③, 헤브론에 ④, 그리고 드빌에 ⑤를 써라.

02 초록 화살표를 립나에서 라기스까지 하라.

03 립나와 라기스 사이에 '막게다 굴'이라고 써라. 가나안 다섯 왕이 도피했던 곳이다.

04 게셀에 주황 원을 두르고 주황 화살표를 라기스까지 그려라(수 10:33).

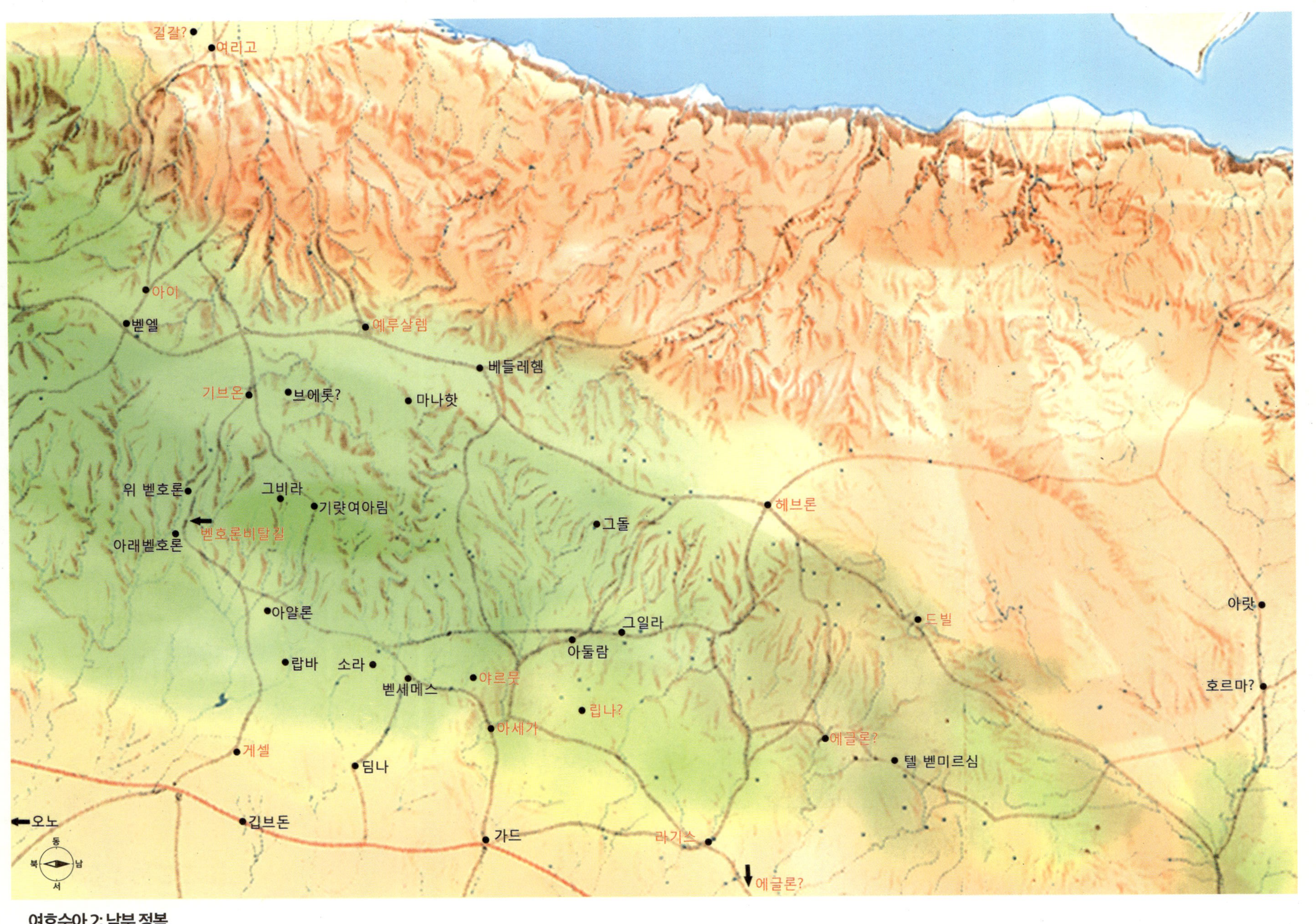

길갈?
여리고
아이
벧엘
예루살렘
베들레헴
기브온
브에롯?
마나핫
위 벧호론
그비라
기랏여아림
아래벧호론
벧호론비탈길
헤브론
그돌
아얄론
그일라
아둘람
드빌
아랏
랍바
소라
벧세메스
야르뭇
립나?
호르마?
아세가
에글론?
게셀
딤나
텔 벧미르심
오노
깁브돈
가드
라기스
에글론?
동
북
남
서

여호수아 2: 남부 정복

여호수아 3 그리기 북부 정복

배경

01 갈색으로 글씨 쓰기

a. 서쪽 파랑 바다 위에 '대해(지중해)', 위쪽 호수에 '긴네렛',

b. 악십과 욕느암 아래 남쪽 그림자 진 부분에 세로로 '갈멜산',

c. 오브라와 다아낙 사이에 두 줄로 '이스르엘 골짜기',

d. 오른쪽 가장자리 긴나와 위 벧산 중간 정도 빨간색의 긴 산 모양에 '길보아산',

e. 수넴 바로 위쪽에 '모레산'이라고 써라.

f. 길보아산과 모레산 사이 검정 길에 '하롯 골짜기'라고 세로로 길게 써라.

g. 한나돈에서 세멘-에돔 사이 검정 길 오른쪽에 '벧학게렘 계곡'이라고 세로로 길게 써라.

h. 갈릴리 바다와 대해 사이 헤가림 오른쪽에 큰 글씨로 '갈릴리'라고 써라.

i 지도의 북동쪽 모서리에 두 줄로 '미스바 땅, 헤르몬산'이라고 써라.

j. 왼쪽 아래 시돈 도시 쪽에 '시돈'이라고 써라.

k. 오른쪽 위 벧산 위 강줄기가 있는 곳에 '아라바'라고 써라.

가나안 군대 집결

01 여호수아서 11:1-5에서 인용된 지명들이 다음 본문에 빨강 글자로 나타난다. 지도에서 이 지명을 찾아 지명마다 파랑 사각을 둘러라.

1 하솔왕 야빈이 이 소식을 듣고 마돈 왕 요밥과 시므론 왕과 악삽 왕과
2 및 북쪽 산지와 긴네롯 남쪽 아라바와 평지와 서쪽 돌의 높은 곳에 있는 왕들과
3 동쪽과 서쪽의 가나안 족속과 아모리 족속과 헷 족속과 브리스 족속과 산지의 여부스 족속과 미스바 땅 헤르몬산 아래 히위 족속에게 사람을 보내매
4 그들이 그 모든 군대를 거느리고 나왔으니 백성이 많아 해변의 수많은 모래 같고 말과 병거도 심히 많았으며
5 이 왕들이 모두 모여 나아와서 이스라엘과 싸우려고 메롬 물가에 함께 진 쳤더라(수 **11:1-5**)

02 파랑 화살표: 북쪽 가나안군의 집결

a. 돌(Dor)의 파랑 사각에서 시므론 지역까지 길게 화살표,

b. 악삽에서 한나돈까지, 시므론에서 한나돈까지 향하는 두 화살표가 합쳐서 마돈까지,

c. 마돈에서 긴네롯(때로는 긴네렛이라 번역됨)으로 향하라. 아라바 글씨에서 게데스 부근을 지나 긴네롯으로 향하라.

d. 긴네롯 도시 바로 남쪽에서 만난 두 화살표는 한 화살표로 하솔로 향하라

d. 하솔에서 화살표가 (갈릴리) 게데스를 경유하여 메롬의 파랑 사각까지,

e. 북동쪽 미스바 땅에서 아벨벧마아가를 거쳐 메롬의 파랑 사각을 향하여 화살표를 하라.

f. 북서쪽 시돈에서 얏딜을 지나 메롬의 파랑 사각까지 화살표를 하라.

메롬 전투

01 메롬과 하솔의 파랑 사각 주변을 빨강 원으로 두르라. 메롬을 정복하고 하솔을 불살랐다.

02 마돈 근처에서 시작한 굵은 초록 화살표가 메롬을 향하는 검정 길을 따라 메롬을 향하라. 여호수아 군대다.

03 추격(메롬 왼쪽 초록 화살표 두 개) 화살표와 도주(왼쪽 파랑) 화살표로 메롬에서 시돈과 두로 방향까지, 메롬에서 게데스를 지나 미스바 땅까지 추격 화살표를 하라.

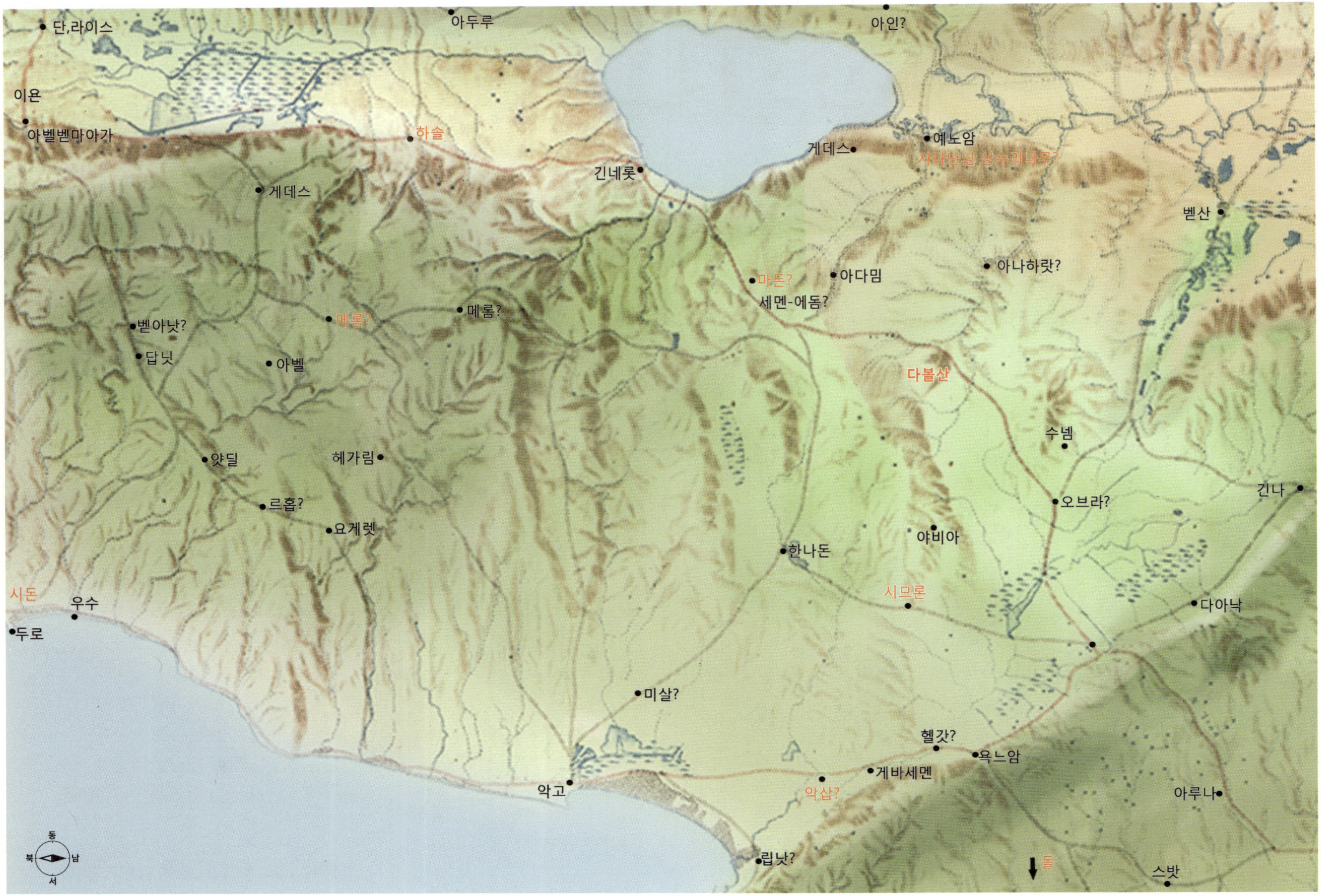

단,라이스
아두루
아인?
이욘
아벨벧마아가
하솔
게데스
예노암
사아난님 상수리나무?
긴네롯
벧산
게데스
아나하랏?
마돈?
아다밈
세멘-에돔?
메롬?
메롬?
벧아낫?
답닛
아벨
다볼산
수넴
얏딜
헤가림
긴나
오브라?
르홉?
요게렛
야비아
한나돈
시므론
시돈
우수
다아낙
두로
미살?
헬갓?
욕느암
게바세멘
악고
악삽?
아루나
동
북
남
서
립낫?
동
스밧

여호수아 3: 북부 정복

여호수아 4 그리기 지역 분배

분배받은 지파 위치 기록하기

01 주변 나라부터 파랑으로 기록하라. 동쪽(위쪽) 오른쪽에 '모압', 위 가장자리 중간 랍바암몬 있는 곳에 '암몬', 아래쪽 에글론 아래 '블레셋'을 파랑으로 써라.

02 요단 동편 위쪽인 모압 왼쪽 헤스본 아래 검정으로 '르우벤', 왼쪽 라맛미스베 아래에 '갓', 골란 아래에 '므낫세-반'이라고 써라.

03 오른쪽 헤브론 왼쪽에 '유다'라고 쓰고, 함께 분배 받은 '시므온'을 브엘세바 왼쪽에 세로로 기록하라.

04 두 번째 분배 받은 '에브라임'은 실로 아래 두 줄로 기록하고, 그 왼쪽 도단 아래에 '므낫세'라고 써라.

05 제비 뽑아 분배 받은 지파들로는 유다와 에브라임 사이 기브아 있는 곳에 '베냐민', 그 아래 깁브돈 왼쪽에 '단'이라고 써라.

06 북쪽 해변길 오브라 위에 세로로 '잇사갈', 림몬 아래 '스불론', 압돈 위에 '아셀', 메롬 위에 '납달리'라고 써라. 단 지파는 이주하여 아벨벧마아가 위 단으로 일부가 이동한다.

남부, 중부의 점령하지 못한 도시들

01 점령하지 못한 도시 명단에 파랑 밑줄을 그어라: 예루살렘/여부스, 게셀, 아얄론, 사알빔

02 블레셋 5대 방백에 검정선을 치라: 가사, 아스글론, 아스돗, 에그론, 가드

북부의 점령하지 못한 도시들

01 점령하지 못한 도시 명단에 파랑 밑줄을 그어라: 므깃도, 다아낙, 이블르암, 벧산, 돌(해안에), 아벡(므깃도의 북쪽), 르홉, 악고(아벡의 북쪽), 악십, 시돈, 벧아낫, 그리고 (갈릴리의) 벧세메스(악십의 동쪽)

도피성

여호수아의 가나안 정복으로 6개의 도피성이 완성되었다.

01 동쪽의 도피성으로 왼쪽부터 골란, 라못길르앗, 베셀에 빨강으로 밑줄하라.

02 왼쪽 납달리 지역 게데스, 에브라임 지역 세겜, 유다 지역 헤브론에 빨강 밑줄을 해서 도피성을 완성하라.

아스다롯
골란
라못 길르앗
랍바암몬
므바앗?
베셀?
야하스?
그데못?
욕브하
야셀?
아로엘
아벨그라밈?
헤스본
마하나임?
라맛 미스베?
디본
가몬?
길하레셋
모압 마을
브누엘
마하나임?
아베츠 길르앗
아두루
단, 라이스
아벨벧마아가
사본?
숙곳
사르단?
사본?
아담
하솔
함맛
게데스
사아난님
상수라?
아르못
벧산
긴네렛
갈단?
락갓
엔간님
아다마
욕므암?
길갈?
여리고
게데스
벧아낫?
메롬?
아벡?
요론
기시온?
엔돌
베섹
다베랏
하롯샘
디르사
벧세메스?
헬할림?
얏달
르홉?
림몬
기슬롯다볼
오브라?
이블르암
아루마
에발산
세겜
그리심산
실로
림몬
아이
게바
오브라
아나돗
벧엘
라마
르보나
예루살렘 여부스
기브아
기브온
아다롯앗달?
미스바
베들레헴
도단
사밀
사돈
두로
르홉?
다아낙
므깃도
비라돈
압돈
미살?
헬갓
하소레아
딤낫세라
벧호론
기럇여아림
헤브론, 기럇아르바
아랏
악십
아벡
악고
악삽?
욕느암
아래 벧호론
윳다
에스드모아
얏딜
아얄론
에스다올
립나
드빌 기럇세벨
호르마
사알빔
소라
스밧?
믹달?
에벤에셀?
벧세메스
립나?
에글론?
아벡
게셀
딤나
아세가
돌
텔벧미르심
갑브돈
에그론
가드
라기스
브엘세바
가드림몬?
아솔
브네브락
텔카실레
엘드게?
욥바
텔집폴
에글론?
시글락?
텔몰
아스돗
아스글론
텔엘파라
가사
유르사?
사루헨
동
북
남
서

여호수아 4: 지역 분배

사사기 1 그리기 사사 위치

01 사사의 순서다. '역대 사사 일람표'를 보면서 그려라.

- a. 유다의 '옷니엘'에 초록 사각을 두르라. 이야기가 있는 대사사에는 초록 사각을 두른다.
- b. 옷니엘에서 베냐민의 에훗으로 빨강 화살표를 하라.
- c. 에훗에 초록 사각을 두르라.
- d. 에훗에서 드보라 쪽으로 빨강 화살표를 하라.
- e. 드보라에 초록 사각을 두르라.
- f. 드보라에서 기드온으로 빨강 화살표를 하라.
- g. 기드온에 초록 사각을 두르라.
- h. 기드온에서 돌라로 빨강 화살표를 하라.
- i. 돌라에서 야일로 빨강 화살표를 하라.
- j. 야일에서 입다로 빨강 화살표를 하라.
- k. 입다에 초록 사각을 두르라.
- l. 입다에서 위쪽으로 포물선을 그리면서 왼쪽에 있는 스불론 입산으로 빨강 화살표를 하라.
- m. 입산에서 엘론으로 화살표를 하라.
- n. 엘론에서 에브라임 압돈으로 화살표를 하라.
- o. 압돈에서 삼손으로 화살표를 하라.
- p. 삼손에 초록 사각을 두르라.

아람
아스다롯?
엔아납?
므낫세 반
갓
암몬
랍바암몬
아로엘
아델
모압
르우벤
염해
6 야일
7 입다
마하나임?
브누엘
숙곳
사르단?
사본?
페헬
단2
라이스
이욘
아벨벧마아가
아두루
하솔
긴네렛
게데스
납달리
벧아낫?
메롬?
아벨
답빗
헤할림?
얏닐
로홈?
요게렛
베니게
아셀
미살?
악고
악삽
립낫?
텔식모나
함맛
세메스에
아다미
5 돌라
아나하랏?
잇사갈
벧산
르홉
함맛
4 기드온
오브라
스불론
9 엘론
한나돈
시므론
8 입산
므깃도
다아낙
이블르암
가나
도단
므낫세
디르사
세겜
아루나
가드-바달라
야함
소고
스밧
믹달?
텔므보락
돌
3 드보라
벧엘,루스
2 에훗
여리고
베냐민
예루살렘
베들레헴
기브온
에브라임
10 압돈
아벡
11 삼손
아얄론
루부데
소라
게셀
아르못
딤나
롯
오노
단1
깁브돈
아솔
가드림몬
욥바
마호스?
아스돗
블레셋
아스글론
가사
사루헨
유다
1 옷니엘
헤브론
그돌
드빌
그일라
에글론?
라기스
가드
에글론?
시글락?
그랄
텔엘파라
유르사?
브엘세바
시므온
아랏?
대해(지중해)
동
남
서
북

사사기 1: 사사 위치

사사기 2 그리기 첫 사사 옷니엘

배경

01 갈색으로 글자 쓰기

a. 엔게디 위 파랑 바탕에 '염해',

b. 예루살렘 왼쪽의 라마 아래에 두 줄로 '베냐민 산지',

c. 엔게디 아래 넓은 공간에 '유다 광야',

d. 드고아 아래에 '유다 산지'라고 큰 글씨로 써라.

e. 지도의 서쪽 중간 부분 아둘람 아래에 '쉐펠라(평지)'라고 써라.

f. 지도 남서쪽의 여갑스엘 위에 '네게브(남방)'라고 써라.

아도니베섹 정벌

01 초록 화살표

a. 초록으로 길갈 왼쪽에 '여호수아 진영'이라고 쓰고 네모를 두르라.

b. 초록 화살표를 길갈에서 시작하여 왼쪽을 향하다 가장자리를 따라 세겜으로 향하고, 이후 베셀로 향한다.

c. 베셀에서 검정 길을 따라 예루살렘까지 화살표를 하라. 화살표 위에 검정으로 '유다 족속'이라고 써라.

d. 예루살렘을 빨강 원으로 두르라.

e. 예루살렘에서 헤브론으로 화살표하고, 헤브론에서 드빌, 기럇세벨까지 화살표하라.

f. 헤브론 아래는 검정으로 '갈렙'이라고 쓰고 드빌, 기럇세벨 아래에 '옷니엘'이라고 써라.

옷니엘

01 염해 오른쪽 튀어 나온 니산 반도 앞 검정 길에서 시작하여 아랏으로 향하다가 그리욧과 갈멜을 지나 윳다까지 파랑 화살표를 하라.

02 파랑 화살표에 가로로 '구산리사다임'이라고 검정 글씨를 써라.

03 드빌에서 윳다 방향으로 초록 화살표를 하라.

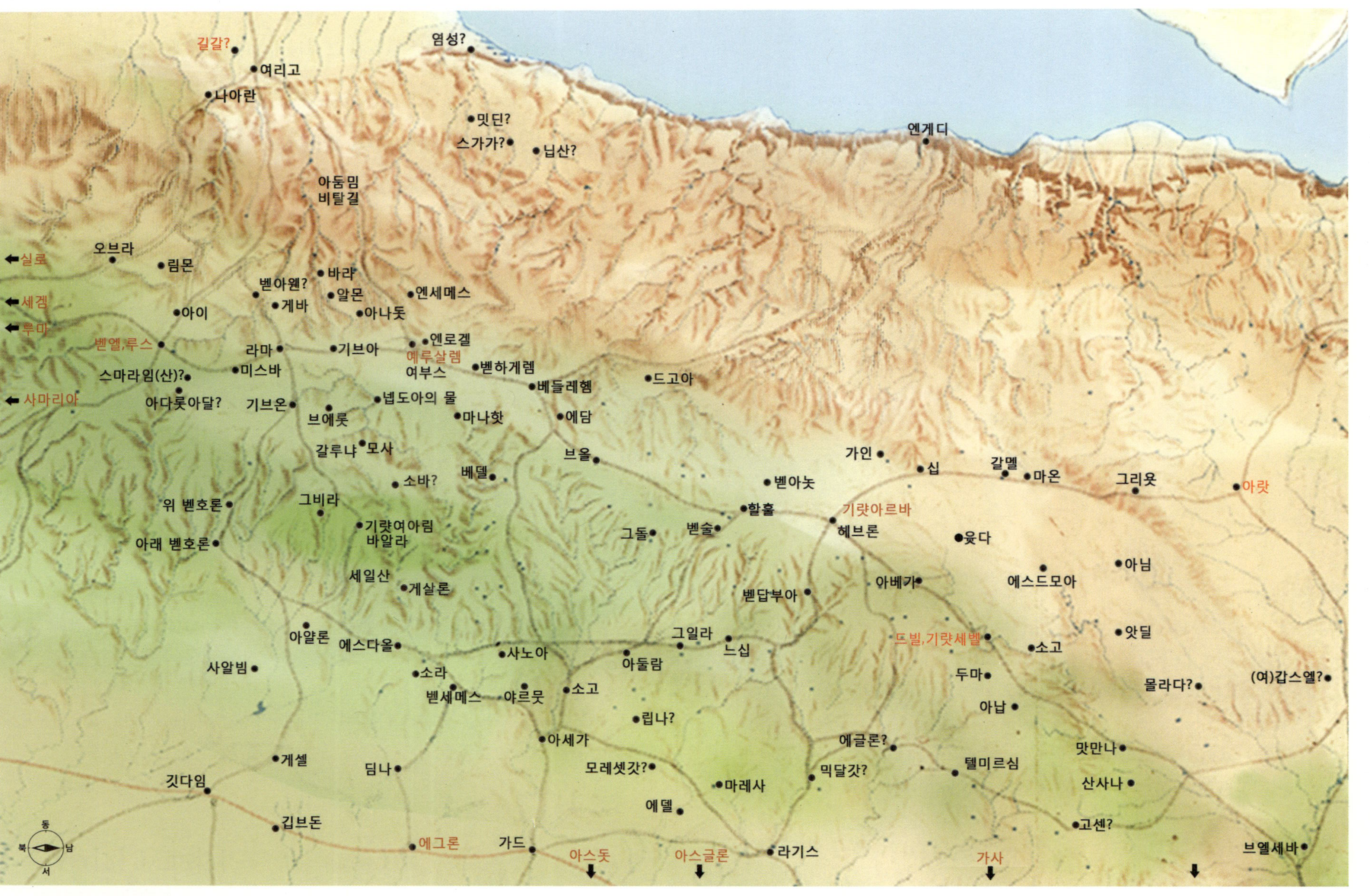

길갈?
여리고
나아란
염성?
밋딘?
스가가?
닙산?
엔게디
아둠밈
비탈길
실로
오브라
림몬
바라
벧아웬?
알몬
엔세메스
세겜
게바
아나돗
아이
루마
벧엘,루스
라마
기브아
엔로겔
예루살렘
여부스
미스바
벧하게렘
스마라임(산)?
베들레헴
드고아
사마리아
아다롯아달?
기브온
넵도아의 물
브에롯
마나핫
에담
갈루나
모사
가인
브올
십
갈멜
마온
그리욧
아랏
베델
소바?
벧아놋
위 벧호론
그비라
할훌
기럇아르바
헤브론
기럇여아림
바알라
그돌
벧술
윳다
아래 벧호론
아님
세일산
에스드모아
게살론
아베가
벧답부아
아얄론
그일라
에스다올
느십
드빌,기럇세벨
앗딜
소고
사노아
아둘람
사알빔
소라
두마
(여)갑스엘?
벧세메스
야르뭇
소고
몰라다?
아납
립나?
아세가
에글론?
맛만나
게셀
모레셋갓?
텔미르심
딤나
믹달갓?
산사나
깃다임
마레사
에델
고센?
깁브돈
동
북
남
서
에그론
가드
아스돗
아스글론
라기스
가사
브엘세바

사사기 2: 첫 사사 옷니엘

사사기 3 그리기 드보라와 기드온 전쟁

배경

여호수아 3 지도에서 배경을 갈색으로 적었다. 일부 배경을 그대로 옮겨 적어라: 긴네렛, 대해(지중해), 갈릴리, 갈멜산, 아라바, 이스르엘 골짜기, 모레산, 길보아산

드보라의 다볼산 전투

01 지도 오른쪽(남쪽)의 다아낙을 파랑 원으로 두르고 그 아래에 검정으로 '가나안군'이라고 써라.

02 이어 북쪽 하솔을 파랑 사각으로 두르고 그 아래에 검정으로 '하솔왕 야빈'이라고 작게 써라.

03 빨강 * 표시: 다볼산 남서쪽, 그술롯과 기슬롯다볼 사이에 * 표시를 하라.

04 파랑으로 굵고 긴 화살표를 다아낙에서 대결(*)표시까지 그린다. 가나안군의 공격이다.

05 초록색 원을 다볼산에 두르고 왼쪽 아래에 검정으로 '드보라'라고 적으라. 그리고 그 원에서 * 표시로 짧은 초록 화살표를 하라. 이스라엘의 반격이다.

06 도주(파랑)와 추격(초록) 화살표를 접점(*)에서 하나는 므깃도 방향으로, 하나는 욕느암 방향으로 하라. 이스라엘의 추격이다.

07 시스라는 반대 방향으로 도망한다. 기시온에서 사아난님 상수리나무 쪽으로 이스라엘의 추격과 도주 화살표를 하라. 화살표 왼쪽에 세로로 '시스라'라고 적어라.

08 사아난님 상수리나무 위에 '야엘'이라고 검정 글씨로 써라.

기드온과 미디안 전쟁

01 모레산에 세로로 '미디안'이라고 검정색 글씨를 쓰고, 맞은편 길보아산에 '기드온'을 쓴 뒤 미디안은 파랑 사각을, 기드온은 초록 사각을 두르라.

02 하롯 샘에서 뽑힌 기드온의 300용사는 기드온 초록 사각에서 미디안 방향으로 3가지로 나와 공격한다. 가운데 초록 화살표 양 옆으로 초록 화살표를 하라.

03 미디안 진영을 빨강 원으로 둘러 포위 공격 표시를 하라.

04 패배한 미디안군은 벧산을 거쳐 요단강 건너로 도망한다. 이스라엘은 추격 초록 화살표 두 개, 쫓기는 미디안은 앞쪽에 파랑 화살표를 하라.

단,라이스
아벨벧마아가
하솔
긴네롯
게데스
하맛
락굼?
사아난님 상수리나무?
게데스
락갓
얍느엘
벧세메스?
레멧,야르뭇?
벧산
엔핫다
엔간님?
아나하랏?
아다마?
아다미네겝
하바라임
벧아낫?
메롬?
이론
메롬?
라마
헤렙?
기시온다볼
다볼산
기시온?
엔돌
다베랏
하롯샘
수넴
벧세메스
가드헤벨
림몬
그술롯,기슬롯다볼
이스르엘
가나
이블르암
오브라?
야비아
훅곡?
한나돈
라마 →
벧엘 →
우수,호사?
네엘
시므론
사릿
다아낙
두로
가불
베들레헴
므깃도
르홉?
마랄라
압돈,에브론
벧에멕
미살?
할리
답베셋?
함몬
헬갓?
하소레아
아벡
베덴?
욕느암
악십
악고
악십?
림낫?
↓ 돌
동
북
남
서

사사기 3: 드보라와 기드온 전쟁

사사기 4 그리기 기드온 추격전과 입다 전쟁

배경

01 갈색으로 중간 부분 브누엘 위 공간에 큰 글자로 '길르앗'이라고 써라. '르'자가 브누엘 위 얍복강 근처에 위치하게 하라.

02 갈색으로 세겜 오른쪽에 큰 글자로 '에브라임 산지'라고 적어라.

03 지도 왼쪽 모서리 부분에 갈색으로 '돕 땅'이라고 적고, 그 왼쪽에 검정으로 '입다'라고 적어라.

04 지도 사사기 3을 보고 모레산과 길보아산에 있던 미디안과 기드온 전투를 그대로 그려라. 아벨므홀라까지 오는 화살표를 그려라.

미디안과 추격전

01 아벨므홀라에서 사본까지 다시 숙곳까지 초록 화살표를 하라.

02 숙곳에서 브누엘까지 초록 화살표를 하라.

03 욕브하 오른쪽 아래 빨강 * 표시를 한 후 그 아래에 '갈골'이라고 적어라. 접점 왼쪽에는 검정으로 '미디안'이라고 써라. 미디안 접점, 욕브하, 갈골 모두를 빨강 원으로 두르라.

04 파랑 화살표를 브누엘에서 위 빨강 원까지 하라. 기드온이 추격하여 욕브하에서 미디안을 쳤다.

05 빨강 원으로 브누엘과 숙곳을 두르라. 기드온을 대접하지 않은 성들을 승리하고 돌아오는 길에 징계하였다.

06 요단강 나루터 아담 아래 에브라임 지파가 미디안군을 제압한다. 아담 아래 빨강으로 * 표시하라. 그리고 그 아래 '오렙과 스엡'이라고 써라.

07 초록 화살표를 에브라임 산지의 디르사에서 아담 근처까지, 또 하나는 에브라임 산지 글씨 '임'자 부근에서 시작하여 아담 근처까지 간다.

입다 시대의 암몬 침입

01 파랑으로 랍바암몬 왼쪽에 큰 글자로 '암몬'이라고 써라. 파랑 원으로 암몬과 랍바암몬을 크게 두르라.

02 입다가 돕 땅에서 암몬을 대항하러 미스베 길르앗으로 향한다. 초록 화살표를 돕 땅에서 시작해 왕의 대로인 빨강 선을 타고 오다 미스베 길르앗까지 향하라.

03 미스베 길르앗에서 초록 화살표를 파랑 원의 암몬으로 향하라.

04 입다가 정복한 도시들인 헤스본, 아로엘, 아벨그라밈을 빨강 원으로 두르라.

05 전쟁 후 에브라임 지파와 갈등이 있었던 아담 나루터에 '십볼렛, 쉽볼렛'이라고 적어라. 패전한 에브라임은 고향 가는 길에 발음 하나로 생사가 갈렸다.

사사기 4: 기드온 추격전과 입다 전쟁

사사기 5 그리기 삼손

배경

01 사사기 2 지도와 겹치는 부분의 지명을 그대로 옮겨 적어라: 유다 산지, 쉐펠라, 네게브(남방)

02 바다 부분에 갈색으로 '대해(지중해)'라고 써라.

03 갈색으로 예루살렘 근처 기브온에서 아얄론까지 세로로 '아얄론 골짜기'라고 적으라.

04 갈색으로 베들레헴 근처부터 소라까지 세로로 '소렉 골짜기'라고 적으라.

05 갈색으로 벧술 왼쪽부터 아둘람까지 세로로 '엘라 골짜기'라고 적어라.

블레셋과 삼손

01 아스글론과 아스돗 사이에 파랑 글자로 '블레셋'이라고 크게 적어라.

02 파랑으로 에그론, 가드, 아스돗, 아스글론, 가사를 사각으로 두르라. 블레셋의 다섯 도시다.

03 지도 중앙 부분 삼손의 고향인 소라에 초록 사각을 두르고, 검정으로 '① 탄생'이라고 써라.

04 딤나에 파랑 사각을 두르고 검정으로 '② 사자, 여우'라고 적어라.

05 베들레헴 옆 에담 오른쪽에 검정으로 '③ 라맛레히/엔학고레'라고 써라.

06 소렉 골짜기 오른쪽에 검정으로 '⑤ 들릴라'라고 써라.

07 가사 위에 검정으로 '④ 기생'과 '⑥ 죽음'이라고 써라.

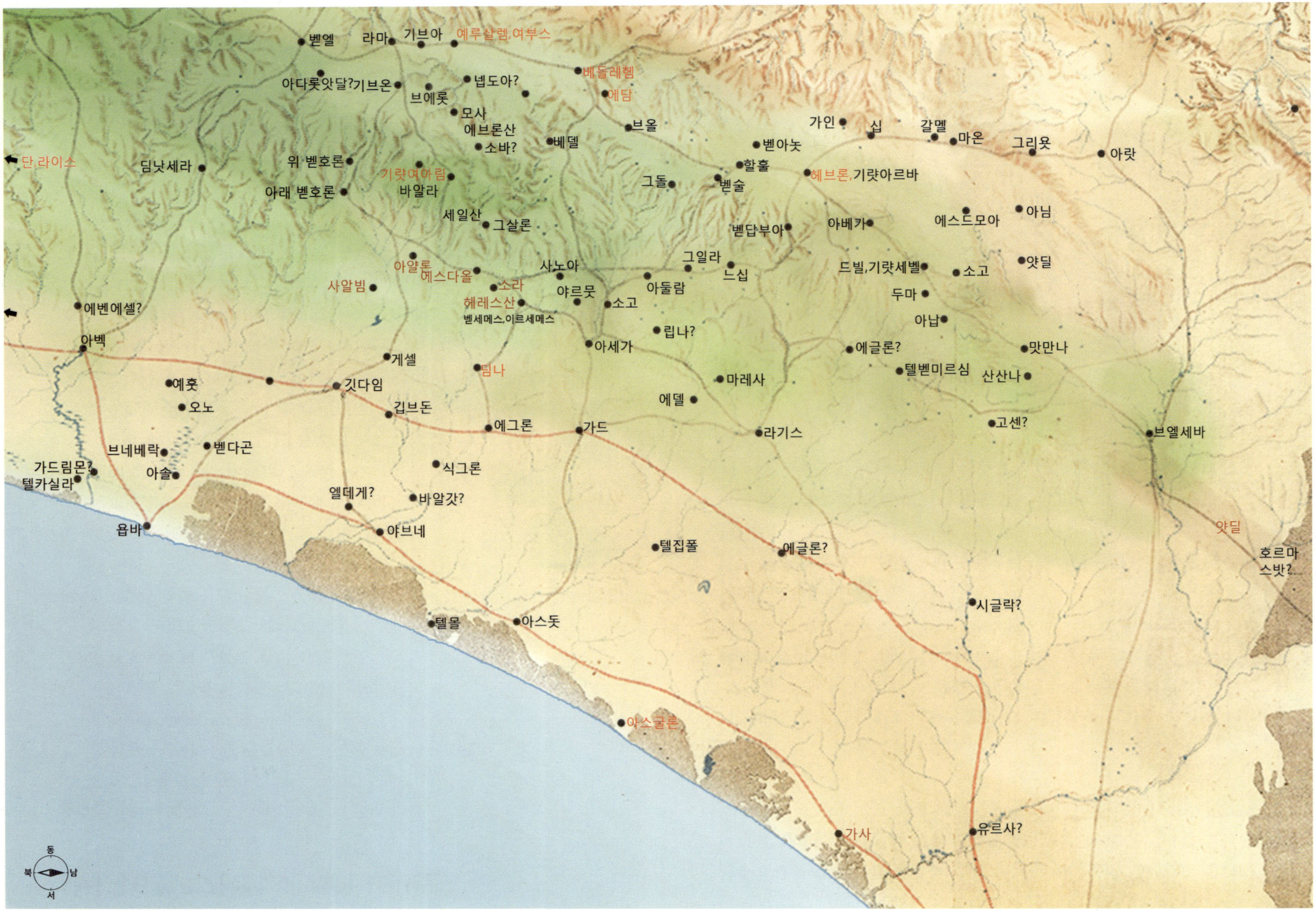

벧엘
라마
기브아
예루살렘,여부스
아다롯앗달?
기브온
넵도아?
브에롯
베들레헴
에담
모사
에브론산
소바?
베델
브올
가인
십
갈멜
마온
그리욧
아랏
벧아놋
할훌
헤브론,기럇아르바
단,라이스
딤낫세라
위 벧호론
아래 벧호론
기랏여아림
바알라
그돌
벧술
아벤가
에스드모아
아님
세일산
그살론
벧답부아
아얄론
에스다올
사노아
그일라
느십
드빌,기럇세벨
소고
얏딜
사알빔
소라
헤레스산
벧세메스,이르세메스
야르뭇
소고
아둘람
두마
에벤에셀?
아벡
아나브
립나?
에글론?
맛만나
게셀
아세가
딤나
마레사
텔벧미르심
산산나
예훗
깃다임
오노
깁브돈
에델
에그론
가드
라기스
고센?
브엘세바
브네베락
벧다곤
식그론
가드림몬?
텔카실라
아솔
엘데게?
바알갓?
욥바
야브네
텔집폴
에글론?
얏딜
호르마
스밧?
시글락?
텔몰
아스돗
아스글론
가사
유르사?
동
북
남
서

사사기 5: 삼손

사사기 6 그리기 에훗, 아비멜렉, 시민전쟁

왼손잡이 사사 에훗

01 배경: 갈색 글자 쓰기
- a. 아담과 염해 사이, 강의 바로 위쪽에 작은 파랑으로 요단강,
- b. 오른쪽 바다 부분에 '염해',
- c. 르보나, 답부아 아래에 '에브라임 산지',
- d. 예루살렘 위 공간에 '유다 산지',
- e. 기브아 아래 세로로 '베냐민 산지',
- f. 지도 오른쪽 아래 믹달 오른쪽 빨강 선인 해변길 아래에 '사론 평야'라고 써라.

02 파랑 화살표
- a. 파랑으로 염해 위 흰색 여백에 '모압'이라고 써라.
- b. 여리고를 파랑 사각으로 두르라.
- c. 모압에서 여리고로 화살표를 하라.

03 갈색으로 여리고 오른쪽에 '종려나무 성읍'이라고 작은 글씨로 써라.

04 초록 화살표를 기브아 부근에서 여리고로 향하라. 또 하나의 화살표를 실로 부근에서 검정 길을 따라 여리고로 향하라.

05 도주(파랑)와 추적(초록) 화살표를 여리고에서 시작하여 요단강 쪽으로 향하라.

06 빨강 * 표시를 요단강에 표시하라. 에훗의 군대가 나루터를 잡고 모압인을 쳤다.

기드온의 아들 아비멜렉

01 에브라임 산지의 세겜과 그리심산을 빨강 원으로 두르라. 아비멜렉은 세겜을 기반으로 왕이 되었지만 세겜을 파괴하였다.

02 아루마에 주황 사각을 두르라. 그리고 파랑 화살표를 세겜으로 향하라.

03 파랑 화살표를 세겜에서 데베스로 향하라. 아루마에 근거지를 두던 아비멜렉은 세겜을 치고 이어 데베스를 공격하다 여인에게 죽었다.

시민전쟁

01 미스바를 초록 사각으로 두르라. 초록 화살표를 기브아로 향하라. 미스바 아래 원문자 '① ② ③'이라고 적으라. 3차에 걸쳐 공격했다.

02 베냐민 방어의 중심지인 기브아를 빨강 원으로 두르라.

03 게바 아래 빨강 * 표시를 하고, 게바에서 림몬까지 추격(초록)과 도망(파랑) 표시를 하라.

04 림몬 위에 파랑으로 '600'이라고 적으라. 베냐민 사람 600명만 남고 모두 죽었다.

05 이어 중심 부분의 실로 아래에 빨강으로 '200'이라고 쓰고, 지도 왼쪽 위 야베스길르앗 아래에 '400'이라고 써라. 베냐민 족속의 아내를 구한 숫자다.

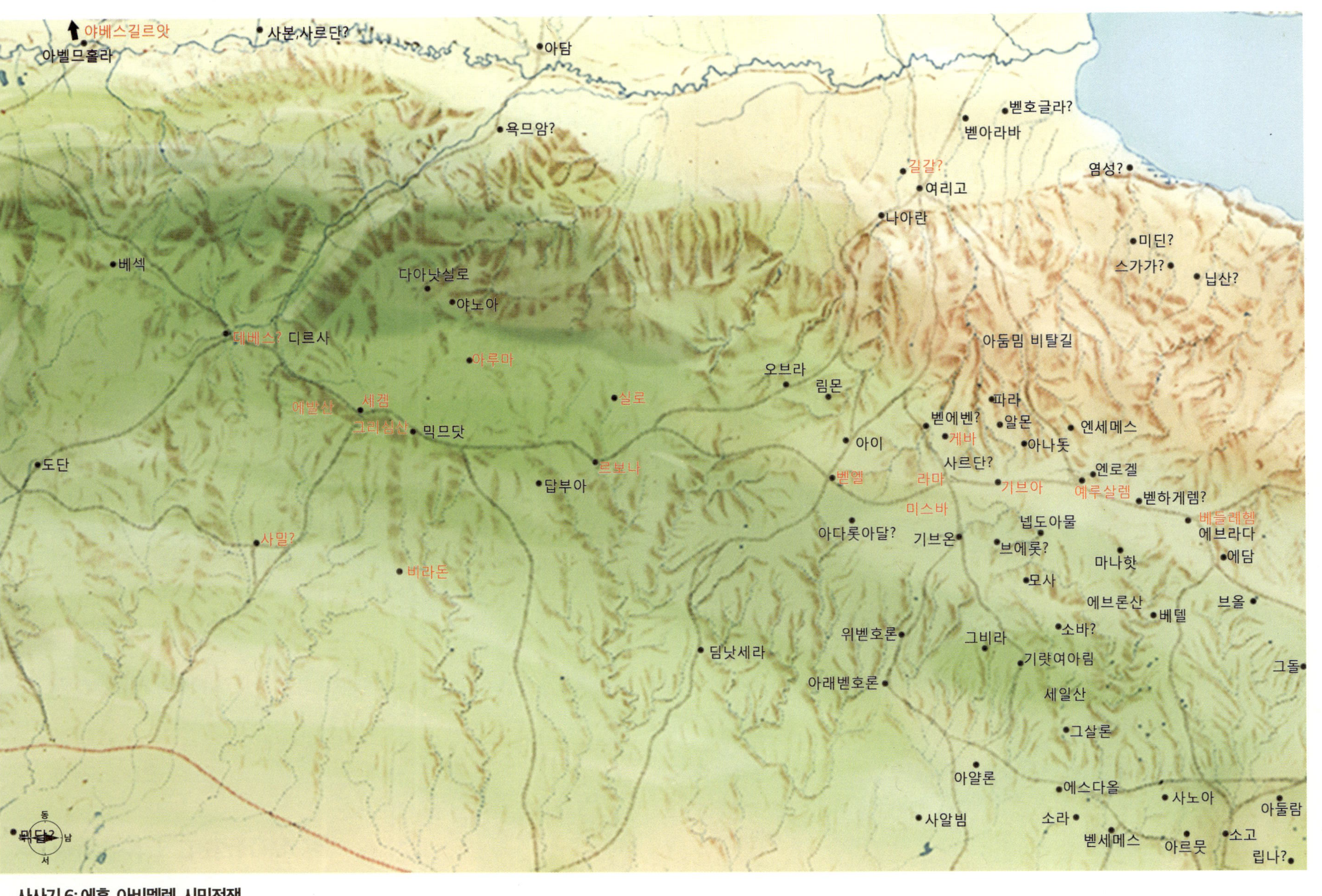

사사기 6: 에훗, 아비멜렉, 시민전쟁

사무엘상 1 그리기 아벡 전쟁

블레셋의 위협

01 갈색 글자를 답부아 아래에 '에브라임 산지', 벧술 위에 '유다 산지'라고 써라.

02 파랑으로 깃다임 아래에 '블레셋'이라고 써라.

아벡 전쟁

01 아벡 주위를 파랑 사각으로 두르라. 블레셋 진영이다.

02 에벤에셀 주위를 초록 사각으로 두르라. 이스라엘 진영이다.

03 블레셋의 공격을 의미하여 깃다임에서 아벡까지 긴 파랑 화살표를 하라.

04 이스라엘 군대 집결을 의미하는 긴 초록 화살표를 다음과 같이 하라.

a. 비라돈에서 능선을 따라 에벤에셀까지,

b. 딤낫 세라 위에서 에벤에셀까지,

c. 답부아의 북쪽으로 돌아 서쪽으로 에벤에셀까지 초록 화살표를 하라.

05 에벤에셀과 아벡 사이에 빨강 * 표시를 하라.

06 검정 화살표를 실로에서 답부아 왼쪽 검정 길을 따라 에벤에셀까지 표시하라. 언약궤 이동 경로다.

07 실로에 빨강 원을 그려라. 아벡 전투에서 이스라엘이 패한 후 실로가 파괴되었으리라 본다.

법궤 귀환

01 검정으로 아벡에서 아스돗까지 화살표하라. 아스돗은 지도 아래에 위치한다. 이어서 짧은 화살표를 가드로 향한다. 다시 에그론 쪽으로 향하게 하라. 에그론에서 딤나 길을 지나 벧세메스로 향하라. 벧세메스에서 기랏여아림으로 향하라. 모든 화살표는 주어진 길을 따라가도록 노력하라.

02 아벡 아래 검정 화살표 위에 검정 글자로 '법궤'라고 적어라. 법궤는 에브라임 지파 실로에서 유다 지파 기럇여아림으로 움직였다.

미스바 구원

01 노랑으로 벧엘, 길갈, 미스바에 밑줄을 쳐라. 사무엘이 순회하면서 선지자들을 세우던 장소다.

02 블레셋이 미스바까지 진격한 것을 의미하는 긴 파랑 화살표를 게셀에서 아얄론과 벧갈 길 오른쪽 면을 따라 미스바의 서쪽 2cm까지 그려라.

03 미스바에 초록 사각을 두르고, 미스바 바로 아래에 빨강 * 표시를 하라. 미스바 회개운동의 결과로 사무엘은 블레셋을 이겼다. 미스바 왼쪽에 검정으로 '성회'라고 적어라.

04 미스바에서 아래 벧호론 아래까지 도주(파랑)와 추적(초록) 화살표를 하라. 아래 벧호론에서 블레셋 병사들은 우박에 맞아 죽었다. 아래 벧호론 아래에 검정으로 '우박'이라고 써라.

길갈?
나아란
디르사
아루마
세겜
실로
오브라
바알하솔
여사나
믹마스
벧아웬?
게바
아나돗
놉?
기브아
예루살렘, 여부스
벧엘
라마
미스바
답부아
기브온
브에롯
기브앗엘로힘?
마나핫
바알브라심
베들레헴
넵도바?
드고아
비라돈
후사
윗벧호론
딤낫세라
스레다
벧갈?
아래벧호론
기럇여아림
바알라
헤브론
벧술
아얄론
사알빔
아둘람
그일라
에벤에셀?
벧세메스
사아라임
소고
아벡
아세가
게셀
딤나
에글론?
모레셋갓?
마레사
깃다임
아스돗
에그론
가드
아스글론
라기스
가사
동
남
북
서

사무엘상 1: 아벡 전쟁

사무엘상 2 그리기 사울과 요나단 전쟁

배경

01 갈색으로 글자 쓰기

a. 오른쪽 파랑 바탕에 '염해', 아래 바탕에 '대해(지중해)',

b. 오른쪽 후사와 헤브론 아래 '유다 산지', 가운데 세겜 아래 공간에 '에브라임 산지',

c. 이 지도와 사사기 3지도를 비교하면서 위치를 확인한 후 '모레산, 길보아산, 이스르엘 골짜기'를 표시하라.

02 요단 동편 랍바암몬 오른쪽에 '암몬'이라고 쓰고 이 지역을 크게 파랑으로 반원 모양으로 두르라.

왕을 세움

01 파랑 화살표를 암몬에서 지도 위 단을 따라 일직선으로 그린 후 아래로 꺾어 야베스길르앗까지 그리라.

02 야베스길르앗에 빨강 원을 두르라. 암몬이 야베스길르앗을 공격하여 항복을 요구하였다.

03 사울은 기브아에서 출발한다. 초록 화살표를 기브아에서 검정 길인 족장의 도로를 따라 베섹까지 가라. 베섹 오른쪽에 검정으로 '군대 모병'이라고 써라. 초록 화살표를 베섹에서 벧산까지 간 후 야베스길르앗으로 향하라. 야베스길르앗 아래에 빨강 * 표시를 하라.

요나단 전투

다음 그리기는 사무엘상 13장의 상황이다.

01 짧은 초록 화살표를 기브아에서 게바로 향하라. 요나단이 게바에 있는 블레셋의 수비대를 공격하였다.

02 블레셋은 몰려와 믹마스에 진치고 사방으로 공격했다. 믹마스 점에 파랑 덧칠을 하고, 파랑 화살표를 하나는 벧호론 방향, 하나는 오브라 방향, 하나는 길갈 방향으로 하라.

03 요나단은 게바에서 믹마스로 넘어가 블레셋 진영을 어지럽혀 승리의 불씨 역할을 한다. 이스라엘이 블레셋을 추격하는 화살표를 믹마스에서 아얄론까지 그려라. 믹마스에서 벧호론 중간까지는 초록 화살표 두 개, 벧호론 부근부터 아얄론까지는 파랑 화살표를 표시하라.

사울의 최후가 된 전쟁 개요

01 블레셋의 공격은 블레셋의 5개 도시연합으로 시작한다. 파랑 화살표를 가드에서 아벡까지, 욥바에서 아벡까지 하라. 아벡에 모여 회의를 하던 중 다윗은 연합군에서 제외되어 돌아가게 되었다.

02 아벡에서 시작한 파랑 화살표가 빨강 해변길을 따라 수넴까지 이어진다. 수넴에 파랑 사각을 둘러 블레셋 진영을 표시하라. 반대 이스르엘 도시에 초록 사각을 둘러 사울 진영을 표시하라. 수넴과 이스르엘 사이에 빨강 * 표시를 하라.

사무엘상 2: 사울과 요나단 전쟁

사무엘상 3 그리기 다윗의 도피생활

다윗의 기름 부음

01 파랑으로 에그론 왼쪽에 '블레셋'이라고 써라.

02 갈색 큰 글씨로 엔게디 위에 '염해(사해)', 넵도바 위에 '유다 광야', 드고아 아래에 '유다 산지', 브엘세바 위에 '네게브'라고 써라. 왼쪽 중앙 라마 아래 공간에 세로로 '베냐민 산지'라고 작게 써라.

엘라 골짜기의 다윗과 골리앗

01 초록 화살표를 베들레헴에서 검정 길을 따라 엘라 골짜기까지 표시하라.

02 소고와 엘라 골짜기 사이에 빨강 * 표시를 하라. 접점 왼쪽에 '다윗과 골리앗'이라고 써라. 다윗의 승리로 블레셋을 추격한다.

03 도주(파랑)와 추격(초록) 화살표를 접점에서 에그론까지 도로를 따라 그리고, 하나는 접점에서 가드까지 그리라.

다윗의 도피생활

사울의 질투를 받은 다윗은 도피생활을 한다. 다윗의 도피 생활은 다윗을 다윗되게 만든 최고의 훈련이었다. 다음 지명을 따라 움직이며 그가 어떻게 완성되어 가는지 주목해 보라.

01 라마(삼상 19:18-24) : 지명 위에 '① 라마 나욧'
02 기브아(삼상 20장) : 기브아 옆에 친구 '② 요나단'
03 놉(삼상 21:1-9, 22:6-19) : 지명 위에 '③ 진설병'
04 가드(삼상 21:10-15) : 지명 위에 '④ 미친 척'
05 아둘람(삼상 22:1-2) : 지명 위에 '⑤ 400명'
06 모압(삼상 22:3-4) : 지명 위에 '⑥ 부모 의탁'
07 강한 요새(삼상 22:4-5) : 지명 위에 '⑦ 시편 18'
08 헤렛수풀: '십'의 동쪽에 '⑧ 헤렛수풀 교제'
09 그일라(삼상 23:1-13) : 지명 위에 '⑨ 에봇'
10 십 황무지(삼상 23:14-29) : 십, 갈멜, 마온 동쪽에 '⑩ 셀라하마느곳'
11 엔게디(삼상 24장) : 지명 위에 '⑪ 옷자락'
12 바란/마온 광야(삼상 25장) : 아랏 오른쪽(남)에 '⑫나발'
13 십 황무지(삼상 26장) : 광야 단어 곁, 십의 동쪽에 '⑬ 창과 물병'
14 가드 : 도시를 향하여 지도를 벗어나는 화살표와 함께 '⑭ 망명'
15 시글락 : 도시를 향하여 지도를 벗어나는 시글락 위에 '⑮ 아말렉'
16 헤브론 : 유다 산지 중심의 헤브론 지명 아래 '⑯ 유다왕'

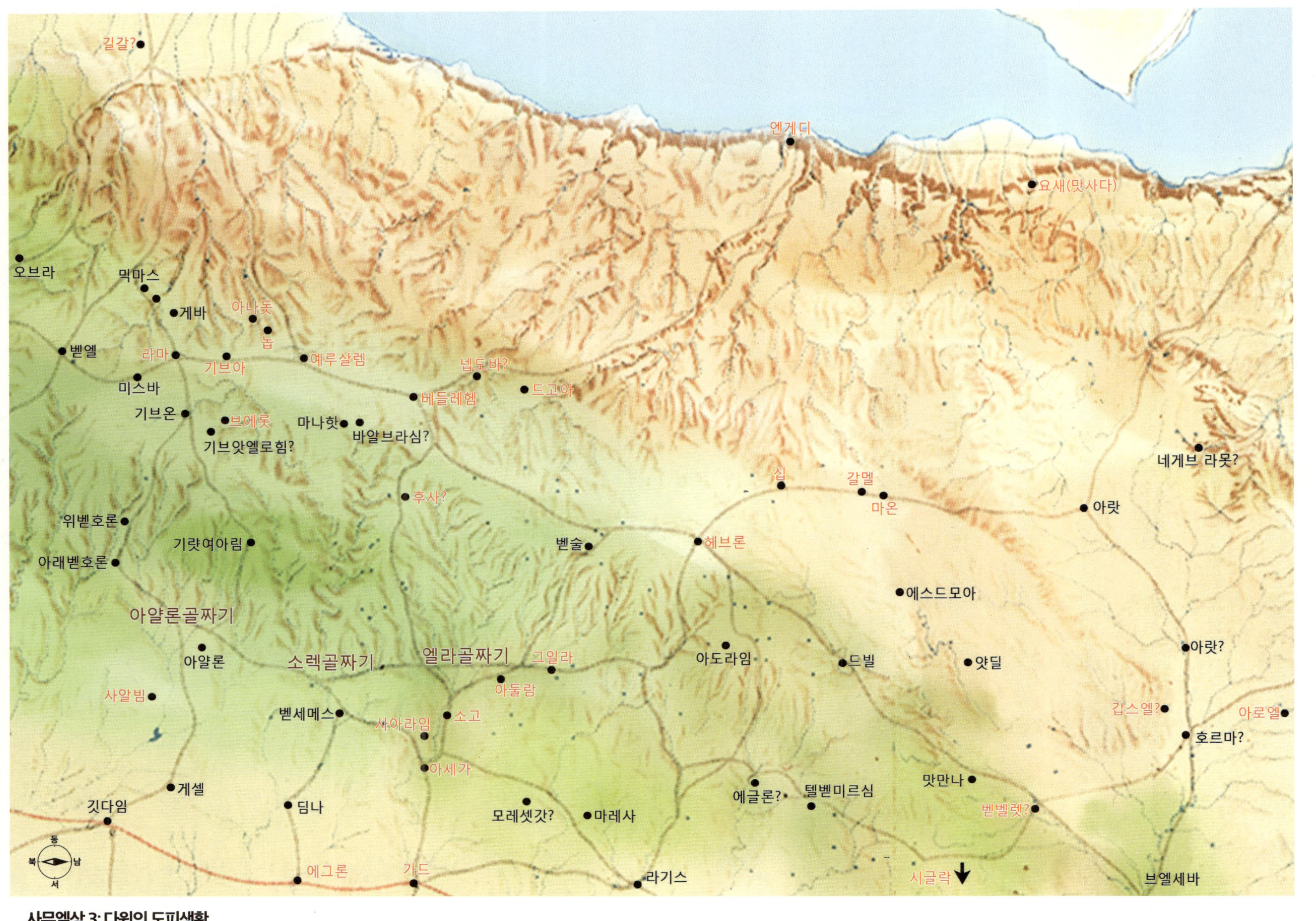

사무엘상 3: 다윗의 도피생활

사무엘상 4 그리기 다윗의 블레셋 생활

배경

01 갈색으로 벧술 왼쪽에 '유다 산지', 그일라 아래 공간에 '쉐펠라', 호르마 아래 '네게브'라고 큰 글자로 써라.

02 파랑으로 가드 아래 공간에 '블레셋'이라고 큰 글씨로 써라.

사울의 아말렉 공격(사무엘상 15장)

01 초록 화살표를 예루살렘에서 시작하여 헤브론, 아랏을 넘어 호르마 방향으로 향하라. 사울의 원정길이다.

02 호르마와 아로엘 위에 파랑으로 '아말렉 정벌'이라고 큰 글씨를 쓰고 빨강으로 아말렉 정벌과 네게브라는 글자까지 포함하는 큰 원을 그려라.

03 갈멜 아래에 '사울 승전비'라고 써라.

블레셋 군대의 다윗 거절

01 긴 파랑 화살표로 블레셋 군대 이동을 알려 주라. 시글락 아래 해변길에서 시작하여 가드를 거쳐 에그론까지, 아스글론에서 시작한 파랑 화살표가 아스돗을 넘어 아벡 화살표 방향으로 가라.

02 다윗은 시글락에서 출발한다. 초록 화살표를 에그론, 가드 파랑 화살표와 나란히 하여 아벡으로 향하라.

03 아벡에서 군사 합류에 거절당하고 다시 돌아온 다윗은 시글락이 불탔음을 본다. 시글락에 초록 사각을 두르고 그곳을 다시 빨강 원을 두르라. 그리고 그 위에 검정으로 '다윗'이라고 써라.

04 다윗은 용기를 내어 아말렉을 추격한다. 브솔강 줄기까지 초록 화살표를 하고 다시 짧은 화살표를 더하여 추격 표시를 하고 그 앞에는 파랑 화살표를 더하여 아말렉 추격 표시를 하라.

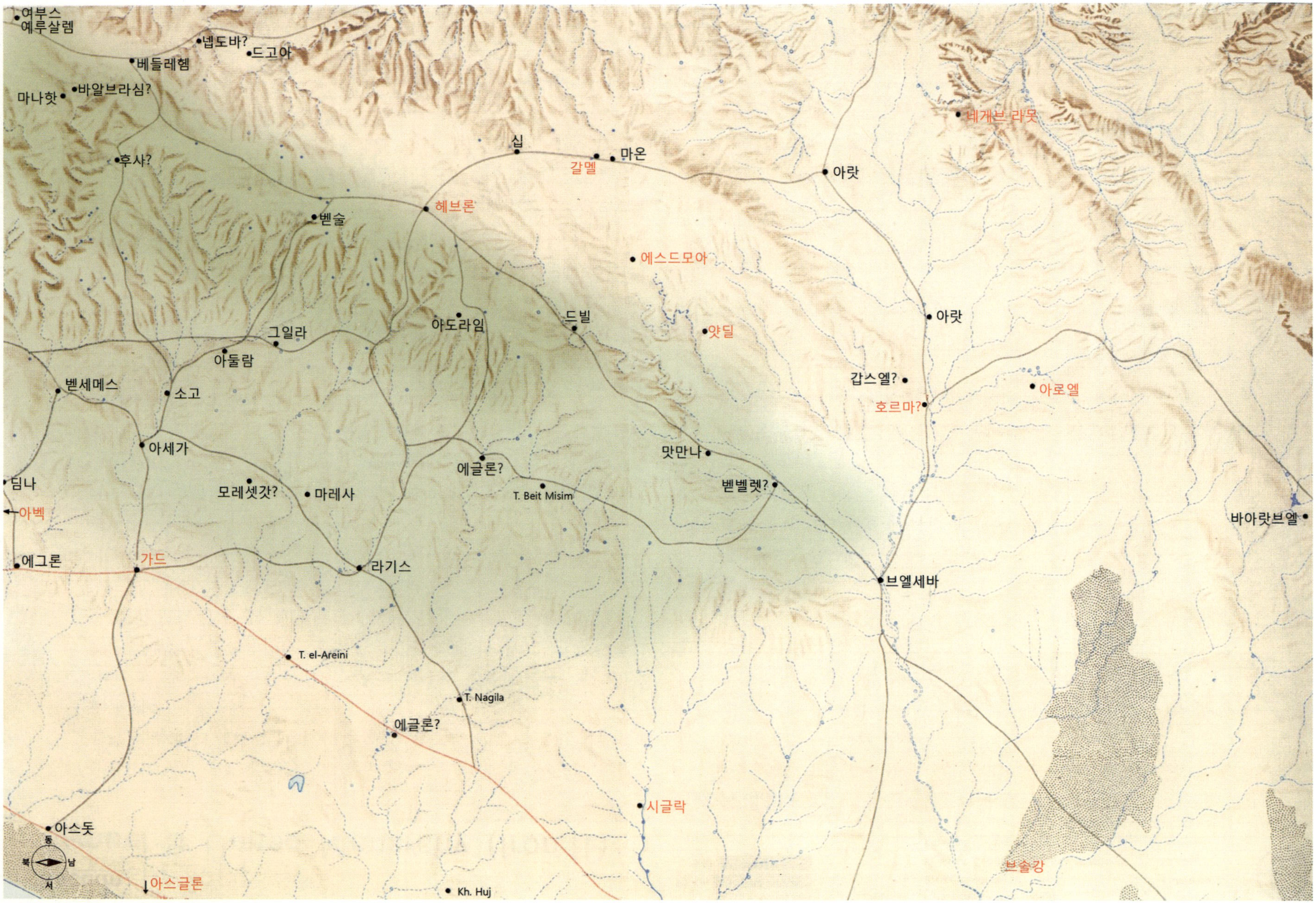

사무엘상 4: 다윗의 블레셋 생활

사무엘하 1 그리기 다윗 왕정

배경

01 갈색으로 바다 부분에 '염해', 염해 아래 넵도바 위에 '유다 산지', 중앙 세겜 아래에 '에브라임 산지', 요단 동편 브누엘 위에 '길르앗'이라고 크게 써라.

02 파랑으로 오른쪽 위 아로엘 아래 계곡에 세로로 '모압', 가운데 위 랍바 암몬 아래에 '암몬'이라고 쓰고 암몬 주위를 파랑 반원으로 크게 두르라. 빨강 도로 위에 있는 마하나임 왼쪽에 '아람'이라고 크게 써라.

블레셋의 예루살렘 침공

01 예루살렘을 초록 사각으로 두르라.

02 아둘람 왼쪽 위에 '①'을 쓰고 이곳에서 파랑 화살표를 바알브라심까지 그리라. 블레셋의 1차 침공이다. 바알브라심에 빨강 * 표시를 하라.

03 ① 왼쪽에 '②'를 쓰고 그곳에서 예루살렘을 향하여 파랑 화살표를 하라. 블레셋의 2차 공격이다. 이때 다윗은 뒤로 돌아 공격한다.

04 예루살렘 오른쪽 아래 모서리에서 시작한 초록 화살표가 ①, ② 아래를 돌아 U턴하여 예루살렘 쪽으로 추격한다. 다윗은 아래서 공격하여 블레셋을 추격한다.

05 예루살렘 왼쪽 위 모서리에서 시작한 초록 추적 화살표 두 개는 기브아에서 아래로 꺾어 기브온 쪽으로 향한다. 도망 파랑 화살표는 아래 벧호론 쪽을 향한다. 다윗이 예루살렘에서 몰아 벧호론까지 추격하면서 물리쳤다. 불리한 위치에서 승리함으로 블레셋을 누르는 계기가 되었다.

암몬의 랍바 전쟁

01 초록 화살표를 예루살렘에서 시작하여 여리고를 거치고 요단강을 넘어 검정 도로를 따라 랍바암몬까지 향한다. 랍바를 빨강 원으로 두르라. 다윗은 암몬에 사신을 보냈고 그들은 사신을 모욕함으로써 전쟁이 벌어졌다. 암몬 아래 빨강 * 표시를 하라.

02 파랑 화살표를 아람이라는 글자가 있는 곳에서 빨강 선을 따라 마하나임을 지나고 암몬 쪽으로 향하라. 아람이 암몬을 도우러 왔다가 패배한다.

압살롬의 반역

01 헤브론을 초록 사각으로 두르라. 이어서 요단 동편 브누엘 옆 마하나임에 주황 사각을 두르라. 다윗 통치 초기에 다윗은 헤브론에서 유다왕으로 일했고, 북쪽 지파는 이스보셋을 세우고 길르앗의 마하나임을 수도로 삼았다.

02 다윗이 왕국을 통일한 후 압살롬의 반란이 일어났다. 요단강 부근 사르단과 아담 사이에 *표시하고 '압살롬 전투'라고 적어라.

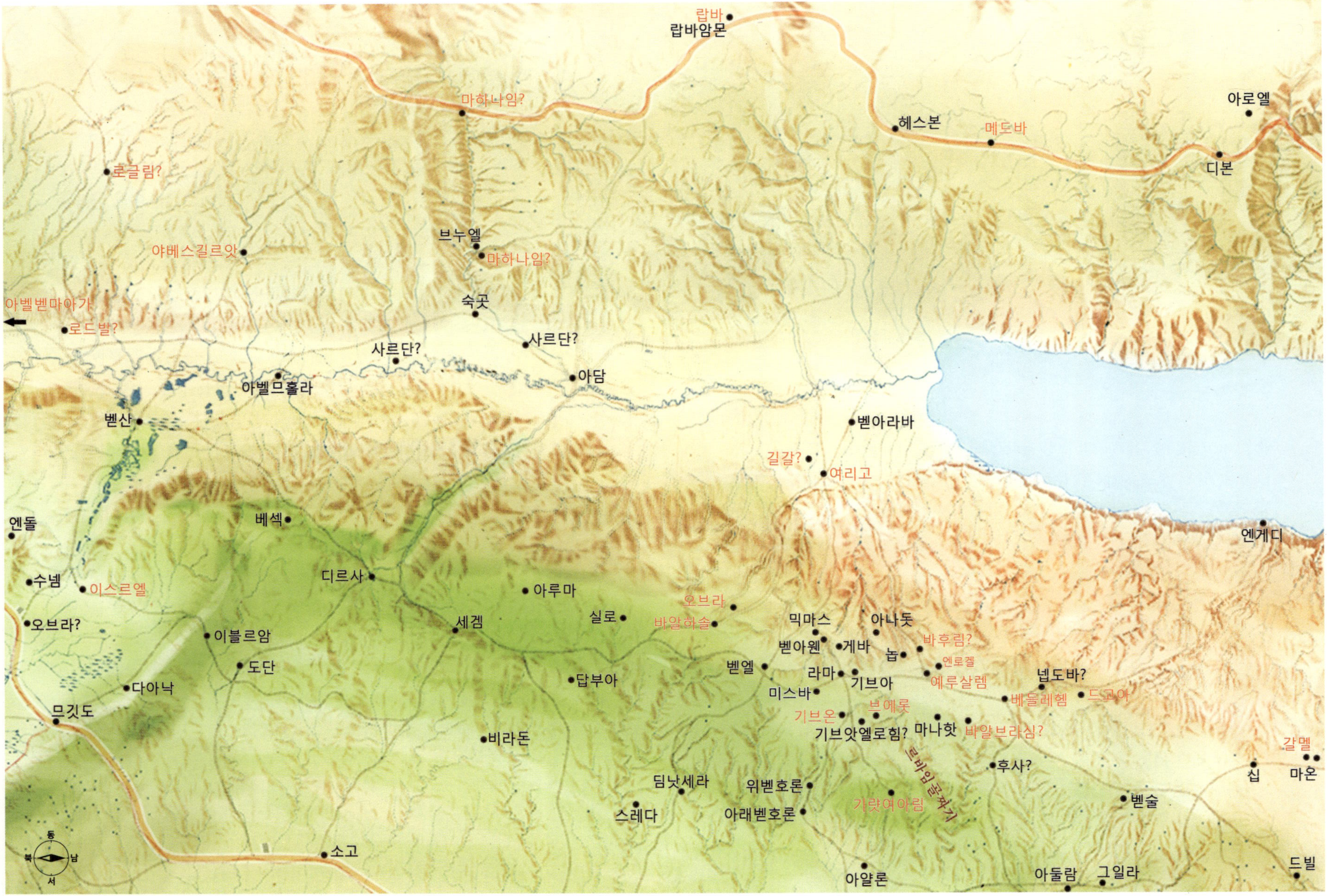

사무엘하 1: 다윗 왕정

랍바
랍바암몬
마하나임?
아로엘
헤스본
메드바
디본
로글림?
브누엘
마하나임?
야베스길르앗
아벨벧마아가
로드발?
숙곳
사르단?
사르단?
아담
아벨므홀라
벧산
벧아라바
길갈?
여리고
엔게디
엔돌
베섹
디르사
수넴
이스르엘
아루마
오브라
오브라?
실로
바알하솔
믹마스
아나돗
세겜
이블르암
벧아웬
게바
바후림?
놉
엔로겔
도단
벧엘
라마
기브아
예루살렘
넵도바?
답부아
미스바
베들레헴
드고아
다아낙
므깃도
기브온
브에롯
기브앗엘로힘?
마나핫
바알브라심?
비라돈
르바임골짜기
갈멜
후사?
십
마온
딤낫세라
위벧호론
스레다
아래벧호론
기럇여아림
벧술
소고
아얄론
아둘람
그일라
드빌
동
북
남
서

사무엘하 2 그리기 다윗의 인구조사와 솔로몬 행정

배경

01 갈색으로 브엘세바 아래에 '네게브', 드고아 아래에 '유다', 세겜 오른쪽에 '에브라임', 긴네렛 아래에 '갈릴리', 요단 동편 다메섹 오른쪽에 '바산', 마하나임(위쪽)과 마하나임(아래쪽) 사이에 '길르앗'이라고 써라.

02 파랑으로 랍바암몬 아래에 '암몬'이라고 적고, 디본 오른쪽에 '모압', 가드 아래에 '블레셋'이라고 큰 글자로 써라.

03 왼쪽 끝 아벨벧마아가를 빨강 원으로 두르고, 그 위에 '세바의 반란'이라고 써라.

다윗의 인구조사(사무엘하 24장)

01 초록 화살표를 아나돗에서 여리고를 지나 디본으로 향하라.

02 디본에서 왕의 대로를 따라 헤스본, 랍바암몬까지, 랍바암몬에서 라못길르앗을 지나 바산까지, 바산에서 단까지, 아벨벧마아가에서 시돈까지, 시돈에서 가불, 므깃도를 지나 해변길을 따라 게셀까지, 게셀에서 시글락까지 간 후 브엘세바까지.

03 브엘세바에서 검정 도로인 족장의 도로를 따라 헤브론을 지나 예루살렘까지 가라. 이 조사는 군사력 조사로 하나님께 재앙을 받아 3일 안에 7만 명이 죽었다.

솔로몬 행정 구역

01 주황 원을 세겜, 디르사, 도단, 아루마에 두르고 그 안에 '1'이라고 써라. 솔로몬이 세금을 내도록 정한 구역은 다윗과 달리 지파별이 아니라 지역별 특성에 따른다.

02 주황 원으로 아얄론, 게셀, 바알라를 두르고 '2'라고 적어라.

03 소고 주변을 아벡 근처까지 이르는 원으로 두르고 '3'이라고 적어라.

04 해변의 돌과 주변을 두르고 '4'라고 써라.

05 이스르엘과 벧산, 욕느암을 두르는 길쭉한 원을 그리고 '5'라고 써라.

06 라못길르앗을 포함하는 작은 원을 그리고 그 안에 '6'이라고 써라.

07 마하나임과 숙곳 아래까지 포함하는 동그라미를 두르고 그 안에 '7'를 써라. 얍복강 부근을 포함한다.

08 긴네렛과 갈릴리 글자를 포함하는 원을 그리고 '8'이라고 써라.

09 가불과 악고, 악십을 포함하는 원을 그리고 '9'라고 써라.

10 긴네렛과 수넴 사이에 세로로 길쭉한 원을 그리고 그 안에 '10'이라고 써라.

11 중앙으로 와서 기브아와 벧엘을 포함하는 원을 그리고 '11'이라고 써라.

12 길르앗 글자를 포함하는 옆으로 길쭉한 원을 그려라. 헤스본, 디본, 바산의 글자까지 일부 포함하라. 그 안에 12라고 써라. 솔로몬은 경제력을 기준으로 지역별 세금을 거두었으나 유다에는 세금을 거두지 않아 왕국 분열의 원인이 되었다.

사무엘하 2: 다윗의 인구조사와 솔로몬 행정

열왕기상 1 그리기 솔로몬 통치

배경

01 갈색으로 왼쪽 중간 그일라와 드빌 아래 큰 글자로 '유다 산지',

02 브엘세바 아래 '네게브',

03 오른쪽 넓은 공간 하살아달 오른쪽에 '광야',

04 왼쪽 아래 바다 자리에 '대해', 중앙 가운데 바다 위에 '염해',

05 왼쪽 위 아로엘과 보스라 사이, 즉 큰 두 골짜기 사이에 '모압',

06 오른쪽 가장자리 엘랏 위에 세로로 '홍해'라고 적으라.

솔로몬의 무역과 대적

01 보스라와 데만 사이에 '에돔'이라고 쓰고 에돔 오른쪽에 빨강으로 '하닷'이라고 써라. 솔로몬을 대적했던 인물이다.

02 왼쪽 아래 유르자 아래 검정 화살표를 하고 애굽이라고 써라. 그 옆에 빨강으로 '여로보암'이라고 써라. 솔로몬을 대적해 애굽으로 피신한 에브라임 지파 지도자다.

03 긴 초록 화살표를 오른쪽 에시온게벨에서 검정 길을 따라 왼쪽으로 오르다 빨강 줄이 만나는 지점에서 다말로 좌회전하라.

04 다말에서 아랏까지, 아랏에서 헤브론을 넘어 지도 왼쪽 끝에 있는 예루살렘으로 향하라.

05 에시온게벨에서 왼쪽으로 오르는 길 아래 '오빌의 금, 스바 여왕 길'이라고 적으라.

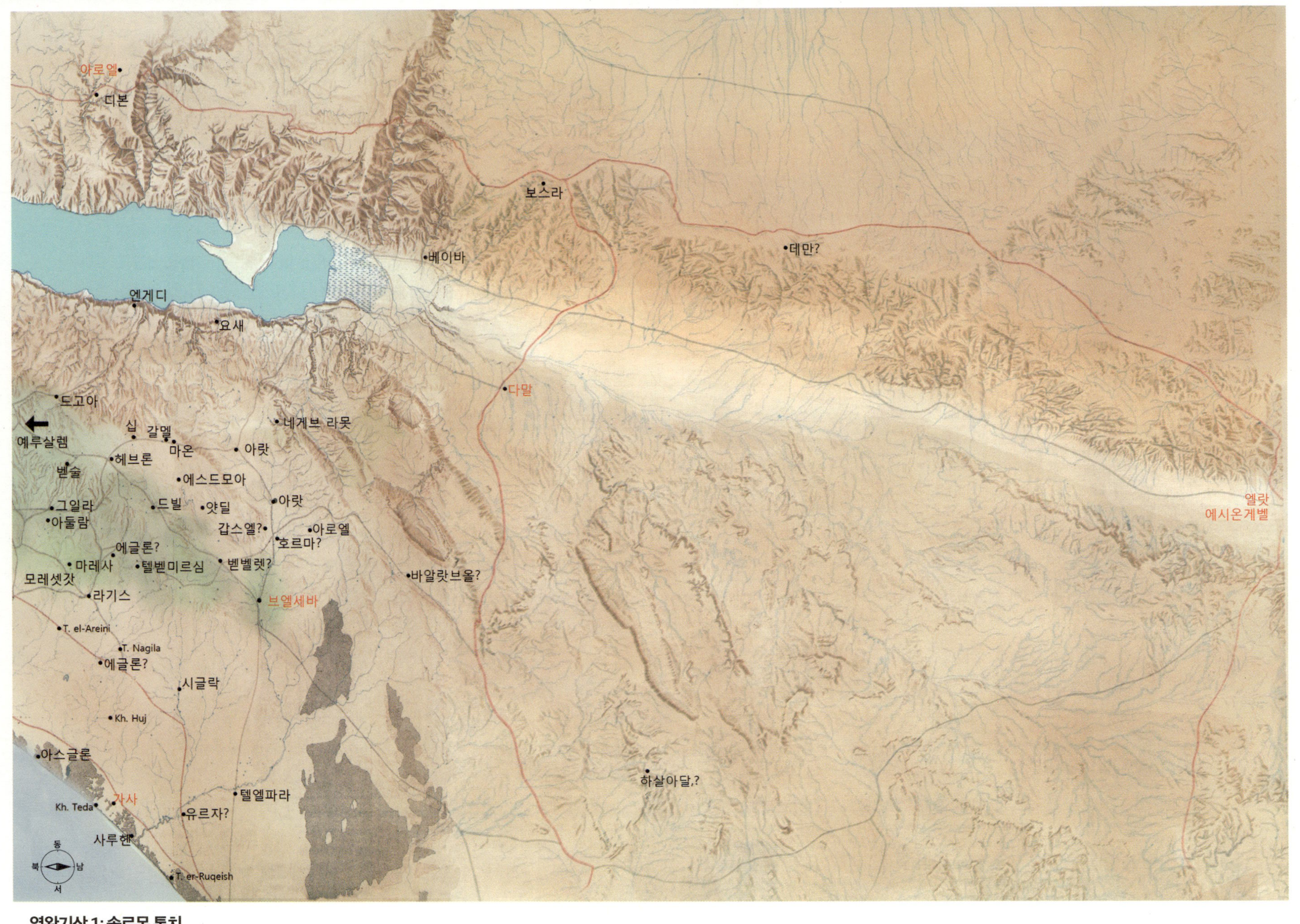

아로엘
디본
보스라
베이바
데만?
엔게디
요새
다말
도고아
예루살렘
네게브 라못
십
갈멜
마온
아랏
헤브론
벧술
에스드모아
그일라
드빌
얏딜
아랏
아둘람
갑스엘?
아로엘
호르마?
에글론?
마레사
텔벧미르심
벧벨렛?
바알랏브올?
모레셋갓
라기스
브엘세바
T. el-Areini
T. Nagila
에글론?
시글락
Kh. Huj
아스글론
가사
Kh. Teda
텔엘파라
유르자?
사루헨
T. er-Ruqeish
하살아달,?
엘랏
에시온게벨
동
북
남
서

열왕기상 1: 솔로몬 통치

열왕기상 2 그리기 왕국 분열과 시삭의 침공

왕국 분열

지도에서 초록은 유다(남왕국), 주황은 북이스라엘(북왕국)이다. 지도를 그리기 전 빨강 글자의 도시들을 훑어보라. 이 지역에 어떻게 표시해야 하는지는 성경과 이집트 자료를 참고해 그릴 것이다.

01 초록으로 유다의 수도, 예루살렘에 사각을 두르라.

02 북이스라엘의 첫 행정 중심지는 여로보암에 의하여 요단 계곡 양편으로 하나씩 세워졌다. 우선되는 수도인 세겜을 주황 사각으로 두르라.

03 금송아지가 세워져 북쪽의 종교 중심지가 된 벧엘(중앙)과 단(북쪽)에 빨강 사각을 두르라. 벧엘 아래에 '금송아지1', 단 옆에 '금송아지2'를 써라.

04 초록으로 예루살렘 위 넓은 공간에 남왕국 이름인 유다를 큰 글자로 써라.

05 주황으로 세겜 위 공간에 '이스라엘'이라고 써라.

시삭의 북쪽 군사 원정

01 카르낙 신전의 시삭 비문에 있는 도시의 점들을 빨강으로 덧칠하라.

a. 해변길에서 예루살렘까지 접근로인 게셀, 아얄론, 벧호론(아래 위 모두), 기럇여아림, 기브온, 스마라임산, 예루살렘은 역대하 12:1-12의 기록처럼 르호보암이 이집트와 협상했다는 사실을 반영하듯 명단에서 제외되었다.

b. 북왕국의 수도 세겜(세겜이 이 목록에 없다 하더라도 비문의 손상된 부분에 있을 것이라 추정된다), 디르사, 아담, 숙곳, 마하나임(브니엘 옆), 브누엘

c. 숙곳-므깃도-해변길에 이르는 경로의 사본(요단강가), 르홉, 벧산, 수넴, 므깃도(시삭의 비문 조각이 이곳에서 발견됨), 다아낙, 아루나, 보림, 가드(보림 옆), 야함, 소고

02 시삭의 원정 예상로를 파랑 화살표로 표시하라.

a. 가사 영역(아스돗 오른쪽 끝에서 시작하라)에서 게셀(아스돗 경유)까지

b. 게셀에서 기브온까지

c. 세겜에서 시작하여 디르사 영역에서 아담까지

d. 아담에서 숙곳까지, 숙곳에서 두 사본을 지나 르홉까지

e. 르홉에서 벧산을 지나 수넴까지 이른 후 므깃도까지

f. 므깃도에서 해변길을 따라 소고까지

g. 가사에서 게셀까지의 파란 선 오른쪽에 '애굽왕 시삭'이라 써라

랍바암몬
베셀?
헤스본
메드바
느보?
기라다임?
벧바알므온
브누엘
마하나임?
단
(아래)아벡
숙곳
사본?
아벨벧마아가
긴네렛바다
사본?
하솔
아담
염 해
아벨므홀라
긴네렛
게데스
벧산
르홉
길갈?
여리고
디르사
아루마
수넴
이스르엘
시돈
벧하간
에브론,오브라
실로
야싯
세겜
오브라?
이블르암
게바
여사나
하세롯?
벧엘
라마
기브아
예루살렘
도단
아사
야숩
두로
다아낙
게바
스마라임산?
미스바
기브온
베들레헴
고소
므깃도
사마리아
엘맛단
마나핫
미살?
악십
욕느암
하소레아
세벨
위벧호론
르바임골짜기
스레다
기랏여아림
악고
아루나
십단?
아래벧호론
가드
소고
립낫?
보림
야함
아얄론
아둘람
믹달?
소라
소고
벧세메스
아벡
돌
게셀
아세가
깃다임
딤나
깁브돈
가드
에그론
대 해(지중해)
욥바
동
북
남
서
아스돗

열왕기상 2: 왕국 분열과 시삭의 침공

열왕기상 3 그리기 시삭의 남쪽 침략

배경

01 초록으로 헤브론과 에담 사이에 '유다', 실로 위에 주황으로 '이스라엘'이라 크게 써라.

02 유다의 수도 예루살렘에 노랑으로 덧칠하고 그것을 초록 사각으로 둘러라.

03 갈색으로 브엘세바 왼쪽에 '네게브', 가데스바네아 위쪽 넓은 공간에 '광야'라고 크게 써라.

04 파랑으로 아스글론 위에 '블레셋', 요단 동편 가장자리 모압의 마을(=길하레셋) 바로 아래에 '모압', 오른쪽 보스라 위에 '에돔'이라고 크게 적으라.

애굽 시삭의 남쪽 침략

01 지도 아래 중간 사르헨 오른쪽에서 브엘세바로 파랑 화살표를 그어 갑스엘까지 가라. 화살표 오른쪽에 '애굽왕 시삭'이라고 써라.

02 갑스엘 삼거리에서 하나는 아랏(큰 랍바)로 향하고 하나는 아로엘을 거쳐 바알랏브엘로 향하라.

03 두 화살표 사이인 여라무엘의 아랏 위에 주황색 두 줄로, '정착지와 요새 파괴'라고 적으라.

04 중부 침략을 복습하는 의미에서 파랑 화살표를 다시 그려 보라. 파랑으로 가사의 빨강 선인 해변길을 따라 깃다임까지, 깃다임에서 벧호론을 지나 기브온까지 향한다. 그리고 아스돗 위 파랑 화살표 선 위에 '애굽왕 시삭'이라고 써라.

브누엘
마하나임
숙곳
Kh. el-Makhruq
그리욧
아다롯
길하레셋
모압마을
호로나임?
보스라
염해
소알
베이바
길갈?
여리고
엔게디
아루마
오브라
실로
여사나
게바
기브아
벧엘
야숩?
예루살렘
스마라임산?
미스바
애담
드고아
기브온
마나핫
엘맛단
다말
네게브 라못?
십
아랏(큰 랍바)
위벧호론
아래벧호론
기럇여아림
벧술
헤브론
스레다
에스드모아
아얄론
아둘람
아도라임
드빌
여라무엘 아랏
랍바?
소라
벧세메스
갑스엘?
아로엘
아벡
야세가
에글론?
깃다임
게셀
딤나
모레셋갓?
마레사
텔벧미르심
바알랏브엘?
깁브돈
가드
라기스
고센
에그론
브엘세바
T. Mikhal
Kh. Qasila
T. el-Areini
T. Qudadi
욥바
텔나길라
에글론?
시글락?
텔몰
아스돗
Kh. Huj
그랄
대해
아스글론
하살앗달?
동
북
남
서
사루헨?
가사
가데스바네아

열왕기상 3: 시삭의 남쪽 침략

열왕기상 4 그리기 남북 왕국의 국경 전쟁

르호보암의 방어 전략

5 르호보암이 예루살렘에 살면서 유다 땅에 방비하는 성읍들을 건축하였으니 6 곧 베들레헴과 에담과 드고아와 7 벧술과 소고와 아둘람과 8 가드와 마레사와 십과 9 아도라임과 라기스와 아세가와 10 소라와 아얄론과 헤브론이니 다 유다와 베냐민 땅에 있어 견고한 성읍들이라(대하 11:5-10)

01 역대하 11:5-10을 펴고 초록 펜을 들라. 6절부터 시작하여 본문에 언급된 각 도시의 점에 작은 초록 덧칠을 하라. 대부분 빨강으로 표시되어 있다. 8절의 도시들에서 발견되는 지리적인 특징이 무엇인지 살펴보라. 애굽에게 위협을 느꼈던 르호보암은 쉐펠라 지역을 무장했으나 모두 허사로 끝났다.

아비야와 여로보암 국경 전쟁

01 빨강으로 벧엘, 여사나, 에브론/에브라인의 도시 점을 빨강 덧칠하라.

02 아비야가 여로보암을 공격한 표시인 초록 화살표를 예루살렘에서 시작하여 기브아, 라마를 지나는 검정 도로를 타고 스마라임산까지 하라. 이 선 시작점에 검정으로 '①'이라고 쓰고, 기브아 부근 선 아래에 '아비야'라고 써라.

03 초록으로 스마라임산에서 벧엘까지 짧은 화살표를 하고, 다시 벧엘에서 여사나까지 가라. 벧엘에서 나온 다른 화살표가 위쪽 길을 따라 에브론으로 향하라.

04 빨강 원으로 블레셋의 북쪽 깁브돈 주변을 두르라.

05 긴 주황 화살표를 서쪽 면을 따라 남쪽으로 깁브돈까지 하라. 블레셋의 북쪽 깁브돈에 대한 이스라엘의 공격이다. 검정으로 화살표 아래 '나답', '엘라'라고 써라. 나답은 여로보암의 아들이고, 엘라는 바아사의 아들이다. 후에 언급된다.

아사왕의 쉐펠라 마레사 전쟁

01 파랑으로 지도의 오른쪽 모서리 브엘세바 아래에서 마레사까지 화살표하고 그 왼쪽에 검정으로 '구스 사람 세라'라고 써라.

02 아사의 방어를 뜻하는 초록 화살표를 소고 쪽에서 마레사를 향하라. 그 화살표 오른쪽에 빨강 * 표시를 하라.

03 도주(파랑)와 추격(초록) 화살표를 마레사에서 파랑 화살표 위를 따라 지도를 벗어날 때까지 하라.

바아사의 요새화와 아사의 국경 확정

01 왼쪽 끝 여사나 위에 검정으로 '②'라고 쓰고 주황 화살표를 여사나, 벧엘 위를 지나 라마까지 가라.

02 초록 사각으로 게바와 미스바의 도시 점을 두르라. 두 도시를 요새화하여 남북 국경을 확정하였다. 결론적으로 베냐민 산지와 서쪽으로 내려가는 일은 유다가, 동쪽 여리고 가는 길은 이스라엘에게 내어 주는 정책이다.

03 초록으로 확정된 경계를 그려라. 길갈 오른쪽에서 시작된 점선은 여리고 오른쪽을 지나고 믹마스 오른쪽을 지나 벧엘 오른쪽, 아다롯아달 오른쪽을 지나서 위, 아래 벧호론의 왼쪽을 지나 아래 서쪽으로 나가게 된다. 사알빔과 게셀의 왼쪽으로 지나 블레셋의 국경인 파랑 점선과 닿게 하라.

염해(사해)

르호보암
아비야
아사
여호사밧

유다

이스라엘

여로보암
나답/
바아사
엘라/
시므리/
오므리
아합

블레셋

스바다
골짜기

길갈?
여리고
나아란
디르사
에브론,에브라임,오브라
바아사
여사나
믹마스
게바
아나돗
엔세메스
아나냐
벧엘
라마
기브아
예루살렘
스마라임산?
미스바
베들레헴
드고아
아다롯아달?
기브온
넵도아의물
빌사잇
브에롯
마나핫
에담
모사
가인
십
갈멜
마온
네게브 라못?
베델
브올
벧아놋
소바?
그리욧
아랏
위벧호론
그비라
할훌
딤낫세라
기랴여아림
헤브론
그돌
벧술
윳다
아래벧호론
에스드모아
아님
그살론
아베가
벧답부아
아얄론
에스다올
그일라
아도라임
느십
사알빔
사노아
아둘람
소라
랍바?
벧세메스
사아라임
소고
두마
엘?
아세가
립나?
게셀
에글론?
텔벧미르심
몰라다?
딤나
벧벨렛?
깃다임
모레셋갓?
마레사
믹달갓?
산산나
나답
엘라
에델
구스사람
세라
깁브돈
고센
그랄
에그론
가드
라기스
브엘세바
동
북
남
서

범례
초록점: 유다 르호보암의 요새화
빨강점: 유다 아비야의 이스라엘 공격
초록사각: 아사의 요새화 도시

열왕기상 4: 남북 왕국의 국경 전쟁

열왕기상 5 그리기 엘리야 사역

배경

01 파랑으로 왼쪽 다메섹 위에는 '아람', 아래 사르밧 오른쪽에는 '베니게', 오른쪽 에그론이라는 빨강 글자 아래에는 '블레셋'이라고 써라.

02 갈색으로 마하나임과 브누엘 사이에 '길르앗', 푸른 바탕에 '염해', 아래 바탕에는 '대해(지중해)'라고 써라.

03 주황으로 사마리아 아래에 '이스라엘'을 쓰고 초록으로 베들레헴 아래에 '유다'라고 써라.

엘리야의 사역

엘리야의 사역지 중 일부 이름과 지형은 명확히 알려져 있지 않다. 그러므로 지도상에 점이 나타나지 않는다. 그릿 시냇가는 여리고 맞은편 요단강 동쪽 산에 위치했으리라 추정된다. 모두 검정으로 기록하라. ⑦~⑧번 사건은 열왕기하에 언급된다.

01 야베스 길르앗 아래 요단강 근처에 '① 그릿 시냇가', 지도 왼쪽 사르밧 아래에 '② 과부', 갈멜산 아래에 '③ 대결', 지도 오른쪽의 브엘세바 아래에 '④ 로뎀나무', 브엘세바에서 오른쪽 지도 밖으로 검정 화살표를 하고 그곳에 '⑤ 호렙산'이라고 써라. 요단강 근처 아벨므홀라 아래 '⑥ 엘리사 부름', 갈멜산 글자 오른쪽 아래 '⑦ 불', 여리고 위 요단강 건너편에 '⑧ 엘리야 승천'이라고 써라.

02 갈멜산 대결을 표시하기 위하여 대해 쪽에서 갈멜산으로 검정 화살표를 한 다음 그 뒤에 '비구름'이라고 써라.

03 비가 올 때 엘리야의 이동을 표시하기 위해 초록으로 갈멜산에서 이스르엘로 화살표를 하라.

04 엘리야의 도망을 표시하는 초록 점선을 이스르엘에서 브엘세바 쪽으로 가장 빨리 갈 수 있는 검정 도로를 따라 초록 점선 화살표를 하라.

05 브엘세바에서 지도 바깥쪽으로 화살표를 하라.

06 엘리야와 바알 선지자 간의 대결은 갈멜산에서 일어났다. 갈멜산이라는 글자 옆에 접점(*)을 빨강으로 표시하라. 갈멜산 바로 앞 기손강을 보라. 그곳에서 바알 선지자들을 죽였다. 갈멜산의 위치는 이스라엘과 베니게 사이이다. 이런 대결을 위한 이상적인 위치다. 엘리야가 베니게의 바알 예배에 대해 조소하였다. 왜냐하면 바알은 폭풍의 신으로 매년 비와 새 생명을 가져온다고 믿었기 때문이다.

07 엘리야가 승천 전에 방문한 도시를 검정으로 쓰라. 길갈(벧엘 왼쪽 부분)에 '1', 벧엘에 '2', 여리고에 '3'.

다메섹
라못-길르앗
랍바암몬
베셀?
야하스?
헤스본
벧디블라다임?
아로엘
마하나임?
메드바
기랴다임?
디본
느보?
벧바알므온
길하레셋
모압 마을
야베스 길르앗
브누엘
마하나임?
그리욧
아다롯
단
아래아벡?
사본?
숙곳
아벨벧마아가
하솔
아벨므홀라?
사본?
아담
게데스
긴네렛
벧산
르홉
Kh. el-Makhruq
길갈?
여리고
엔게디
수넴
이스르엘
디르사
아루마
에브론,오브라,에브라임
벧하간
오브라?
이블르암
야싯
세겜
실로
믹마스
여사나
게바
사르밧
시돈
두로
도단
하세롯?
길갈
벧엘
라마
기브아
예루살렘
다아낙
아사
야숍?
스마라임산?
여부스
드고아
사마리아
므깃도
고소
비라돈
미스바
기브온
마나핫
베들레헴
네게브라못
미살?
엘맛단
십
하소레아
가손강
세벨
위 벧호론
기럇여아림
벧술
헤브론
아랏
악십
악고
욕느암
아루나
십단?
세레다
아래 벧호론
에스드모아
갈멜산
가드
소고
립낫?
T. Abu Huwan
모림
야함
아얄론
그일라
소라
아둘람
아도라임
드빌
아랏
믹달?
랍바?
소고
갑스엘?
T. Shiqmoa
벧세메스
아벡
T.Mevorach
모레셋갓?
에글론?
앗릿
돌
긷다임
게셀
딤나
아세가
벧벨렛?
마레사
텔벧미르심
에그론
가드
깁브돈
라기스
고센?
브엘세바
텔.미할
텔카실라
T. el-Areini
욥바
텔나길라
에글론?
텔몰
아스돗
Kh. Huj
그랄
아스글론
Kh. Teda
가사
유르사?
텔엘파라
사루헨
동
북
남
서

열왕기상 5: 엘리야 사역

열왕기상 6 그리기 이스라엘과 아람의 충돌

배경

01 파랑으로 지도의 북서쪽 모서리, 시돈과 두로 글자 사이에 '베니게', 왼쪽 위 모서리 다메섹 위에 '아람'이라고 써라.

02 갈색으로 아래 바다 위에 '대해(지중해)', 가운데 바다에 '긴네렛'이라고 써라.

03 갈색 큰 글자로 아람과 긴네렛 바다 사이 넓은 공간에 '골란/바산'이라고 쓰고, 오른쪽 마하나임과 브누엘 사이에 '길르앗', 다시 왼쪽으로 와서 긴네렛과 악십 사이 넓은 공간 가운데에 '납달리 땅'이라고 써라.

04 갈색으로 립낫과 욕느암 사이 산에 '갈멜산'이라고 쓰고 오른쪽 위에 빨강 * 표시하라. 갈멜산 대결이다.

05 갈색으로 오브라와 므깃도 사이에 '이스르엘 골짜기', 이스르엘이라는 도시 아래에 '나봇 포도원'이라고 작은 글자로 써라.

06 주황으로 지도 오른쪽 아래 세겜과 엘맛단 사이에 '이스라엘'이라고 써라.

07 주황 사각으로 세겜, 디르사, 사마리아를 두르고, 검정으로 각각 1, 2, 3이라고 도시 위에 적으라. 수도가 이전한 순서다.

아람의 공격

01 파랑 화살표를 다메섹에서 시작하여 단까지 가고 그 화살표 오른쪽에 '아사왕의 요청'이라고 써라.

02 다시 파랑 화살표로 단에서 이욘으로, 이욘에서 하솔로, 하솔에서 긴네렛까지 가라.

03 이 화살표에 놓인 단, 이욘, 아벨벧마아가, 하솔, 긴네렛 도시의 점에 빨강으로 덧칠하라.

04 아합 시대 아람의 공격을 표시하는 파랑 화살표를 사마리아 북쪽인 도단에서 사마리아로 향하고, 도망과 추격 화살표를 이스르엘 방향으로 하라. 사마리아를 향하는 화살표 아래에 검정으로 '아람군대 포위'라고 써라. 공격은 실패하여 아합 군대가 추격하게 되었다.

05 돌아간 아람왕 벤하닷은 다시 바산 쪽에서 공격한다. 위 아벡이 있는 검정선을 따라 아래 아벡으로 파랑 화살표를 하라. 아래 아벡 오른쪽에 빨강 * 표시를 하라. 주황 짧은 화살표를 요단강 부근 로드발 아래에서 시작하여 빨강 접점 표시로 향하라.

06 검정으로 파랑선 위에는 '벤하닷', 주황선 위에는 '아합'이라고 적어라.

베니게와 협력

01 파랑 화살표를 두로 바닷가에서 시작하여 악고에 도착하라. 화살표 아래에 '문화, 종교, 경제, 정치적 침투'라고 적으라.

02 파랑 화살표를 악고에서 므깃도로 향하라. 화살표 위에 '이세벨'이라고 써라.

아합의 죽음

01 초록과 주황 화살표 모두를 이스르엘 도시에서 시작하여 검정선을 따라 위쪽 라못길르앗까지 향한다. 초록색 옆에는 세로로 '여호사밧'이라고 쓰고, 주황선 옆에는 '아합'이라고 써라.

02 라못길르앗 위에는 빨강 * 표시하고 오른쪽에 '아합의 죽음'이라고 검정으로 써라.

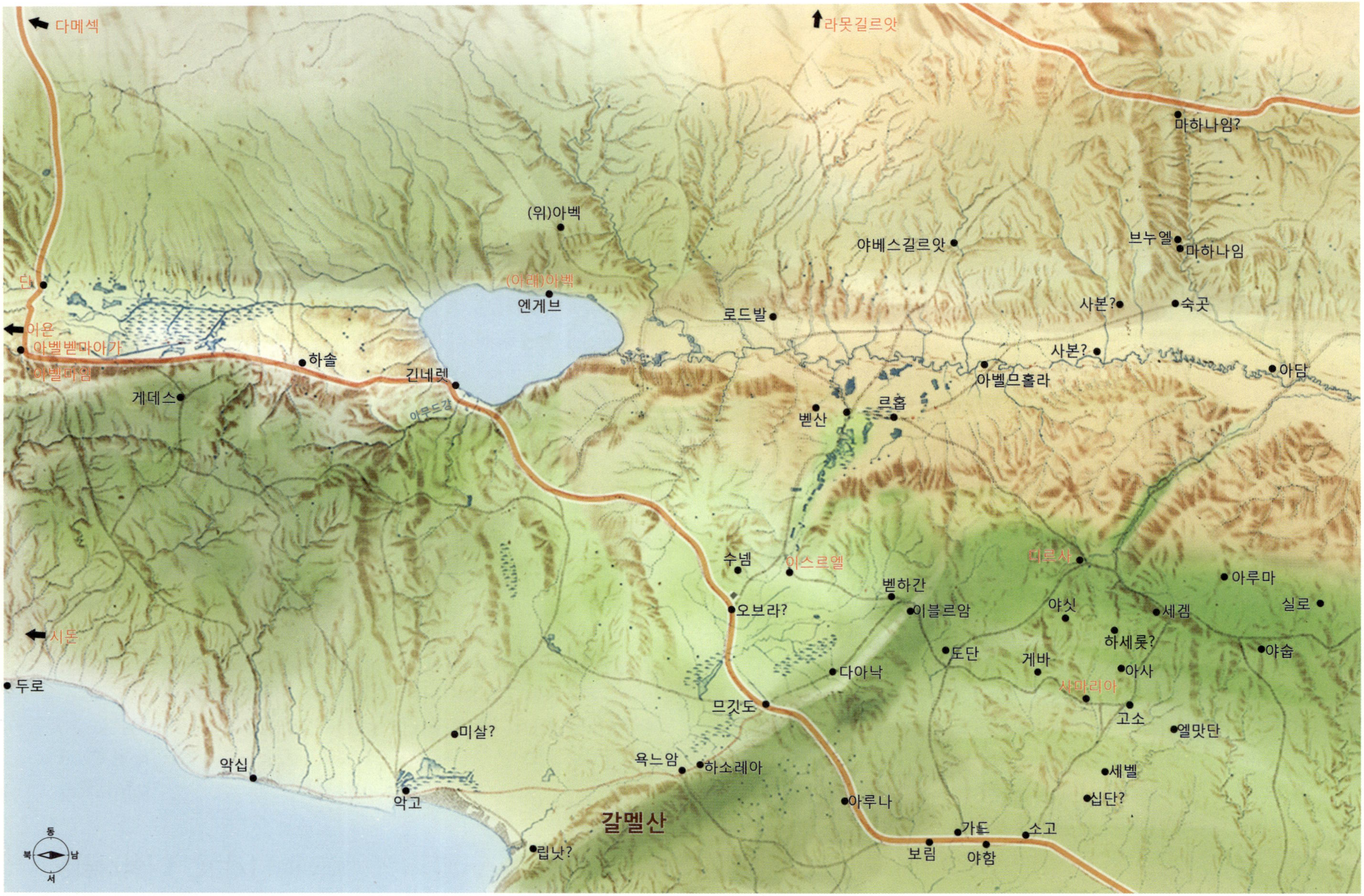

다메섹
라못길르앗
마하나임?
(위)아벡
야베스길르앗
브누엘
마하나임
단
(아래)아벡
엔게브
로드발
사본?
숙곳
이욘
아벨벧마아가
하솔
사본?
아벨마임
긴네렛
아담
게데스
아벨므홀라
아무드강
벧산
르홉
수넴
이스르엘
디르사
아루마
벧하간
오브라?
이블르암
야싯
세겜
실로
시돈
하세롯?
도단
게바
야숩
아사
두로
다아낙
사마리아
므깃도
고소
엘맛단
미살?
욕느암
하소레아
악십
세벨
악고
아루나
십단?
갈멜산
가드
소고
립낫?
보림
야함
동
북
남
서

열왕기상 6: 이스라엘과 아람의 충돌

열왕기하 1 그리기 모압 전쟁

모압의 반역

01 모압 왕 메사가 점령하거나 멸망시켰다가 재건된 곳으로 모압 비문에 언급된 마을 위에 빨강 점을 입혀라: 아로엘, 디본, 그리욧, 아다롯, 야하스, 알몬디블라다임, 벧바알므온, 기랴다임, 메드바, 베셀, 느보

02 파랑 화살표를 모압 사각에서 시작하여 아로엘까지, 아로엘에서 야하스까지, 다시 아로엘에서 메드바, 메드바에서 베셀, 느보, 벧바알므온 세 방향으로 향하라.

03 긴 주황 화살표를 여리고에서 시작하여 느보를 지나 베셀, 베셀에서 야하스까지 향하라. 모압의 침공에 대항한 이스라엘의 반격이 모압 비문에 암시되었다.

모압 원정

01 주황과 초록 평행 화살표를 남쪽 아랏 삼거리에서 시작하여 소알을 지나다 에돔 아래 * 표시까지 화살표를 하라. * 아래 검정으로 '엘리사물'이라고 적어라. 다시 두 평행 화살표를 계속하여 길하레셋까지 향하라. 이스라엘과 유다는 연합하여 모압까지 진격하였다. 이때 초록 화살표 위에다 '여호사밧'이라 쓰고 주황 화살표 아래에는 '여호람'이라고 써라.

02 유다의 압력으로 참가한 에돔의 군대를 표시하기 위하여 긴 검정 화살표를 에돔 글자에서 북쪽으로 가다 주황/초록 화살표와 합류하여 길하레셋까지 향하라.

03 빨강 원으로 '길하레셋/모압의 마을'을 두르라.

모압의 침공

01 모압은 전열을 가다듬고 우방인 암몬과 마온(세일) 사람과 연합하여 유다를 공격하였다. 굵은 파랑으로 모압의 원정로인 길하레셋부터 시작하여 염해를 건넌 후 검정 길을 따라 엔게디까지 화살표를 하고 이 화살표 위에 검정 세로로 '모압, 암몬, 세일'이라 써라.

02 엔게디를 빨강 원으로 두른 후에 갈색으로 원 아래 드고아로 향하는 도로에 '시스 고개', 드고아 아래에 '브라가 골짜기'라고 써라.

03 긴 초록 화살표가 예루살렘에서 드고아를 거쳐 시스 고개로 향한다. 앞장선 찬양단과 진군하는 여호사밧의 방어군은 예루살렘에서 엔게디까지 나갔다. 초록 화살표 위에 '여호사밧'이라고 써라.

에돔의 반역

01 파랑 화살표가 지도 오른쪽 중간 베이바 위에서 45도 각도로 내려와 베이바를 거쳐 소알로 향하게 하라. 소알 오른쪽에 빨강으로 * 표시하라.

02 소알과 베이바 사이 파랑 화살표 아래에 검정으로 '왕하 8:20-22'이라고 쓰고 그 아래 갈색으로 '소금 골짜기'라고 써라.

03 긴 초록 화살표를 아랏 삼거리에서 나와 두 개의 평행 화살표를 따라 소알의 빨강 * 표까지 향하라. 에돔의 지배를 회복하기 위한 유다의 원정이다. 이 화살표 옆에 '여호람'이라고 써라.

유다왕 요담(여호람)

01 네게브의 라못 오른쪽 가장자리에 파랑으로 '아라비아'라고 쓰고 그곳에서 파랑 화살표를 유다 초록 사각까지 하라. 검정으로 '대하 21:16'이라고 써라.

02 블레셋에서 파랑 화살표를 유다 초록 사각으로 향하라.

암몬
랍밧암몬
야셀?
베셀?
엘르아라
헤스본
메드바
알몬디블라다임?
야하스?
아로엘
디본
기랴다임?
느보?
벧바알므온
그리욧
아다롯
모압
모압의 도시?
아르?
맛멘?
길하레셋
모압의 마을
하우로넴 호로나임?
이예아바림?
에돔
염해(사해)
소알
베이바
길갈?
여리고
벧엘 사람 히엘
엔게디
오브라
게바
벧엘
라마
기브아
예루살렘
이스라엘
스마라임?
미스바
기브온
베들레헴
드고아
마나핫
에담
유다광야
유다
여호람
벧술
십
헤브론
네게브의 라못
아랏
에스드모아
위벧호론
아래벧호론
기럇여아림
아얄론
랍바?
소라
벧세메스
아둘람
소고
아도라임
립나?
블레셋
드빌
브엘세바
갑스엘?
아로엘
동
서
남
북

열왕기하 1: 모압 전쟁

열왕기하 2 그리기 엘리야 후반기와 엘리사 사역

01 검정으로 야베스길르앗 아래 요단강 근처에 '① 그릿 시냇가', 지도 왼쪽 두로 시돈 위에 '② 과부', 갈멜산 위에 '③ 대결'을 그려라.

02 지도 오른쪽 아래 모서리 기랏여아림 위 검정 화살표 왼쪽에 ④를 적고, 기랏여아림 글자 아래 '로뎀나무'라 써라. 그 아래 검정화살표 왼쪽에 ⑤라 적고, 그 아래 '호렙산'이라 써라.

03 지도 중앙에 있는 아벨므홀라 왼쪽에 검정으로 '⑥ 엘리사 부름'이라고 써라.

04 갈멜산 아래에 '⑦ 불태움', '길갈' 오른쪽에 숫자 '1', 벧엘 오른쪽에 '2', 여리고 오른쪽에 '3'이라고 써라. 엘리야가 승천 전 엘리사와 방문했던 선지학교들이다. 검정으로 여리고 앞 요단강 건너에 '⑧ 엘리야 승천'이라고 써라. 초록으로 엘리야 승천과 여리고 사이에 가는 화살표, 오는 화살표를 하라.

엘리사 사역

다음 번호와 굵은 색으로 쓴 사건 제목을 검정 펜으로 지시하는 장소에 기입하라.

1) 엘리사 샘: 여리고 아래
2) 곰: 여리고에서 벧엘로 오르는 길 중 벧엘 근처
3) 물: 지도 오른쪽 끝 길하레셋 아래
4) 수넴 여인: 이스르엘 골짜기 수넴 위
5) 해독/보리떡: 길갈 위
6) 나아만 장군: 요단강 근처 르홉 위
7) 아람 군대: 이스르엘 골짜기 오른쪽 도단 위, 도단을 파랑 원으로 두르라.
8) 굶주림: 사마리아 아래
9) 하사엘 세움: 다메섹 아래
10) 예후 세움: 라못길르앗 아래

아람의 침략과 사마리아 포위

01 사마리아 주변을 빨강 원으로 둘러라.

02 파랑 화살표를 이블르암에서부터 사마리아 빨강 원까지 하라. 그 화살표 아래에 검정으로 '아람 군대 포위'라고 써라.

03 추격(주황)과 도망(파랑) 화살표를 사마리아에서 르홉 쪽으로 향하는 검정 도로를 따라 표시하라.

BC 841년: 예후의 혁명

이 흥미롭고 의미심장한 전환점에 대한 세부 사항은 위의 역사 요약을 참고하라. 열왕기하 8:25-10:36을 자세히 읽어라. 사건을 요약한 역대하 22:1-9는 좀 더 흥미로운 내용을 첨가하였다. 빨강으로 지도 위쪽의 라못길르앗에서 아래 검정 도로를 따라 이스르엘까지 화살표를 하라.

살만에셀 3세의 원정

앗수르의 첫 번째 원정을 보여 주기 위하여 지도 북쪽 끝에서 있었던 일을 그려야 한다.

01 빨강 원으로 '다메섹'을 두르라.

02 파랑으로 지도의 왼쪽 모서리 밖에 '앗수르'라고 써라.

03 파랑 화살표를 앗수르에서 다메섹 빨강 원까지 그리고 빨강 원에서 아래 하솔까지 하라. 하솔에서 해변길을 따라 긴네렛을 지나 첫 번째 만나는 교차로에서 검정 길을 따라 내려간다. 미살을 경유하여 두로와 시돈으로 하나, 미살에서 갈멜산 방향으로 하나를 향하게 하라.

04 검정으로 긴네렛 위 파랑 화살표 아래에 '살만에셀 3세'라고 써라.

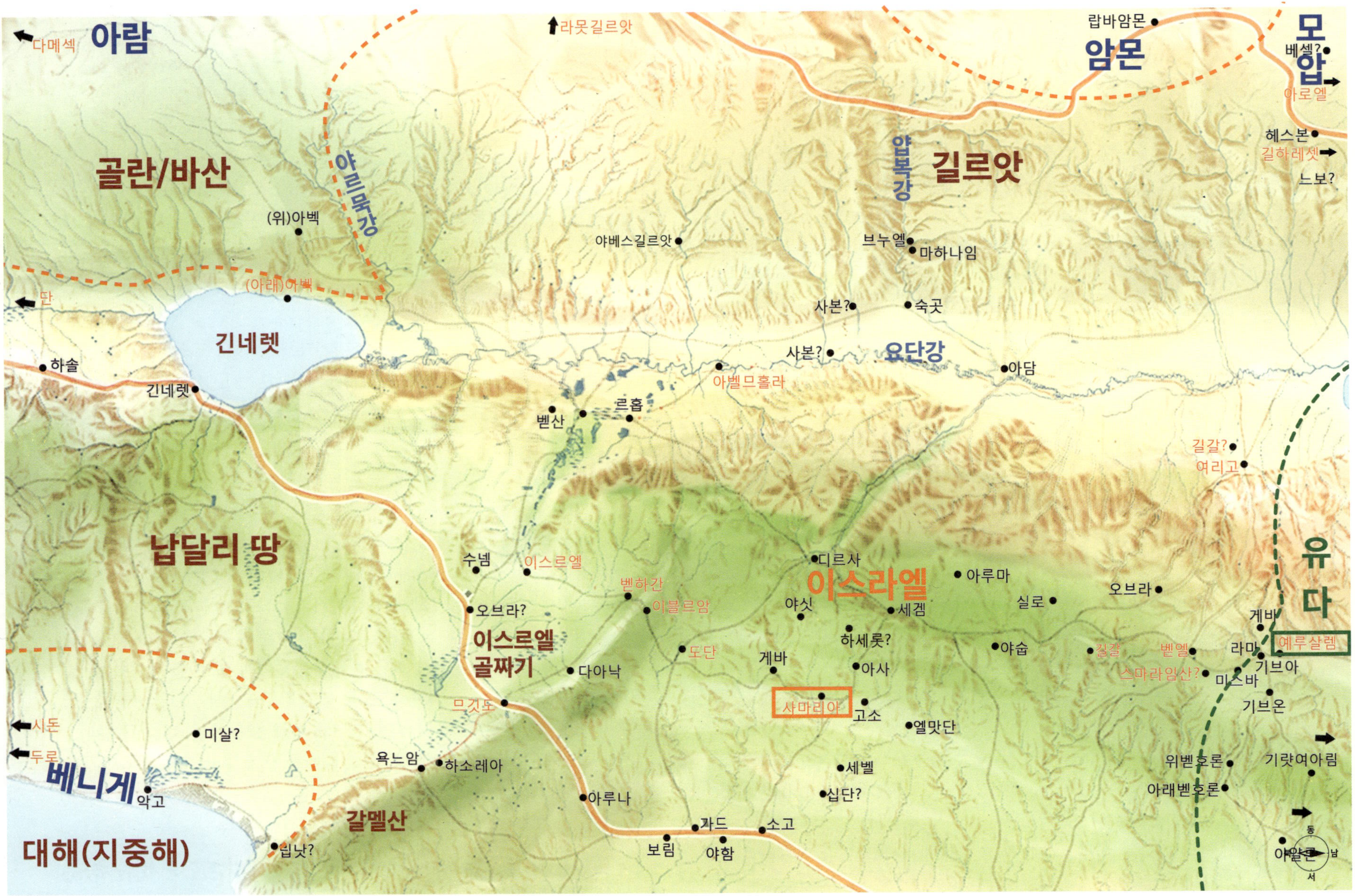

아람
다메섹
골란/바산
야르묵강
(위)아벡
(아래)아벡
단
긴네렛
하솔
긴네렛
납달리 땅
라못길르앗
야베스길르앗
벧산
르홉
아벨므홀라
사본?
사본?
숙곳
요단강
아담
브누엘
마하나임
얍복강
길르앗
랍바암몬
암몬
모압
베셀?
아로엘
헤스본
길하레셋
느보?
길갈?
여리고
유다
예루살렘
게바
라마
기브아
미스바
기브온
벧엘
스마라임산?
길갈
오브라
실로
아루마
야숩
디르사
이스라엘
세겜
야싯
하세롯?
아사
게바
사마리아
고소
엘맛단
세벨
십단?
소고
가드
야함
보림
아루나
벧하간
이블르암
도단
다아낙
수넴
이스르엘
오브라?
이스르엘 골짜기
므깃도
하소레아
욕느암
갈멜산
딥낫?
미살?
시돈
두로
베니게
악고
대해(지중해)
위벧호론
아래벧호론
기럇여아림
아얄론

열왕기하 2: 엘리야 후반기와 엘리사 사역

열왕기하 3 그리기 여로보암 2세와 웃시야의 부흥 시대

아람왕 하사엘

01 아르논강 위 '아로엘'과 블레셋 '가드', '예루살렘'의 점을 빨강으로 입혀라. '길르앗' 글씨를 빨강 원으로 두르라.

02 왼쪽 가운데 '하솔'을 빨강으로 밑줄 그어라.

03 아람 하사엘의 공격을 의미하는 파랑 화살표를 아람을 두른 사각으로부터 빨강 해변길을 따라 하솔과 므깃도, 아벡, 깁브돈을 경유해서 블레셋의 가드까지 그린다. 아람의 사각에서 지도 위로 평행선 그리듯 가다가 가르나임을 뛰어넘어 요단 동편 왕의 대로를 따라 암몬의 아래쪽과 베셀과 헤스본 사이와 메드바 고원 위의 도시를 지나서 아르논강 위 아로엘까지 간다.

04 지도의 파랑 화살표들 아래 검정으로 '하사엘(BC 815-810)'이라 써라.

앗수르왕 아닷니라리 3세

01 파랑으로 왼쪽 지도 위 밖에서 다메섹을 향하여 큰 화살표를 하고 오른쪽에 '앗수르 아닷니라리 3세(BC 796)'라고 써라.

02 다메섹 도시 화살표를 빨강으로 입혀라.

이스라엘왕 요아스

01 긴네렛 바다 위에 있는 아벡의 검정 점을 빨강으로 덧칠하라.

02 다메섹의 벤하닷에 대항한 요아스의 진격을 의미하는 주황색 점선 화살표를 벧산에서 아벡을 향하여 표시하라. 화살표 아래에 검정으로 '요아스(BC 790)'라고 써라.

03 또 하나의 점선 주황 화살표를 사마리아에서 벧세메스로 향하라. 유다왕 아마샤와의 전쟁이다. 이 화살표를 따라 검정으로 요아스라고 써라.

04 검정으로 가드헤벨에 아래에 '요나'라고 써라.

이스라엘왕 여로보암 2세

01 로드발, 가르나임, 다메섹, 느보 하맛은 요아스의 아들 여로보암이 회복한 도시다.

02 주황 화살표로 여로보암의 진격을 표시하라.

a. 사마리아에서 위로 향하여 디르사를 거쳐 로드발까지 나가라. 화살표 위에 검정으로 '여로보암(BC 780)'이라고 써라.

b. 로드발에서 가르나임까지, 가르나임에서 다메섹까지, 다메섹에서 느보 하맛까지 화살표하라.

c. 사마리아에서 이스르엘, 긴네렛, 하솔을 경유하여 이욘까지 해변길을 따라가라. 화살표 아래 검정으로 '여로보암(BC 780)'이라고 써라.

유다왕 웃시야

01 초록 화살표를 에그론에서 욥바까지 하나, 다시 야브네까지 하나 그리라. 이후 가드에서 아스돗까지 화살표하고 옆에 검정으로 '웃시야'라고 써라.

이스라엘왕 베가

01 이스라엘이라는 주황 사각에서 파랑 화살표와 주황 화살표를 평행으로 벧엘까지 그어라.

02 검정으로 파랑 화살표 아래 '아람 르신'이라고 쓰고 주황 화살표에 '이스라엘 베가'라고 써라.

아람
바산
가르나임
다메섹
하맛
벧아르벨
야르묵강
길르앗
마하나임?
암몬
랍바암몬
야셀?
모압
아로엘
아르논강
야하스?
벧가물
게메못?
벧디블라다임?
메드바
헤스본
엘르알레
므바앗?
베셀?
기랴다임?
벧바알므온
느보?
디본
그리욧
맛멘?
길하레셋
단
이욘
아벨벧마아가
하솔
게데스
메롬?
이론
납달리
엔게브
긴네렛
(아래)아벡?
로드발?
아벨므홀라?
벧산
숙곳
얍복강
사본?
아담
염해
염성?
엔게디
나할다윗의 굴
길갈?
여리고
이스라엘
이스르엘
이블르암
세겜
아루마
가드헤벨
가나
욧바
(아)루마
한나돈
오브라?
다아낙
도단
게바
므깃도
사마리아
하소레아
욕느암
시돈
우수
두로
베니게
야노아
미살?
악십
악고
립낫?
텔식모나
앗릿
돌
텔므보락
믹달?
텔폴렉
텔믹할
텔카실라
텔쿠다디
욥바
하솔
믹마스
아야?
게바
라마
벧엘
답부야
미스바
기브온
기브아
아나돗
아나냐
예루살렘
놉?
벧하게렘?
베들레헴
드고아
마나핫
갈루나
위 벧호론
아래 벧호론
아얄론
유다
십
벧술
헤브론
네게브의 라못
아랏
아도라임
드빌
벧레아브라?
사노아
아둘람
소고
소라
벧세메스
야르뭇
립나?
하딧
김소
느발랏
아벡
게셀
딤나
아세가
모레셋갓?
마레사
에글론?
텔벧미르심
벧벨렛
몰라다?
여수아?
(여)갑스엘?
호르마?
고센?
브엘세바
오노
롯
깃다임
깁브돈
에그론
가드
라기스
브네베락
벧다곤
아솔
엘데게?
텔엘아레니
야브네
야브네엘
야브네얌
므잣 하삽야후
텔몰
아스돗
아스돗얌
블레셋
에글론?
텔나길라
후스터
시글락?
그랄
아스글론
가사
테다터
사루헨?
알사니,
유르사?
애굽
라피아
텔엘루케스
대해(지중해)
동
북
남
서

열왕기하 3: 여로보암 2세와 웃시야의 부흥 시대

열왕기하 4 그리기 유다의 아마샤, 웃시야, 아하스 시대

유다왕 아마샤

01 염해 바로 오른쪽에 있는 '소금 골짜기'를 빨강 원으로 두르라.

02 초록 화살표를 네게브 위 아랏(두 개의 아랏 중 위)에서 빨강 원까지 하라. 빨강 원에서 이르나하스를 경유하여 북동쪽으로 보스라를 향하라.

03 셀라 점을 빨강 원으로 두르라. 소금 골짜기와 셀라 사이에 검정으로 '아마샤'라고 써라.

유다왕 웃시야

01 유다 요새인 '브엘세바, 아로엘(브엘세바 근처), 아랏(아로엘 근처), 엔게디, 다말, 쿤틸렛 아즈루드'의 도시 점 위에 초록으로 덧입혀라.

02 유다의 주요 요새인 '라기스, 아랏(위쪽), 네게브의 라못, 가데스바네아, 하살아달?, 에시온게벨'의 도시 점에 유다 요새를 의미하는 초록 사각을 두르라.

03 초록으로 네게브 오른쪽에 크게 두 줄로 '유다의 농업/ 정착지와 요새'라고 써라.

04 웃시야의 팽창을 의미하는 초록 화살표를 유다 지명 사각 표시에서 시작해 브엘세바를 향하라. 브엘세바에서 가데스바네아로 향하라. 웃시야는 남쪽 네게브를 넘어 광야를 개척하였다.

05 가데스바네아로 오는 화살표에 검정으로 '웃시야'라고 써라. 남쪽 유다가 최고 부흥을 이룬 상황이다.

유다왕 아하스

01 빨강으로 파랑 사각에 있는 '에돔'에 밑줄을 그어라. 에돔의 반역은 아마도 다메섹의 충동에서 비롯됐을 것이다.

02 긴 파랑 화살표를 지도 위쪽 가장자리로부터(에돔의 북동쪽) 에돔 주위 사각까지 하고 검정으로 화살표 아래에 '아람 원조'라고 써라.

03 에돔의 사각에서 에시온게벨까지 왕의 대로를 따라 파랑 화살표를 하고 검정 볼펜으로 '왕하 16:6'이라고 써라.

04 유다에 대한 에돔의 공격을 표시하기 위하여 에돔의 사각에서 다말까지, 그러고 나서 두 화살표로 나누어 하나는 '네게브의 라못'을 향하고 다른 하나는 남쪽 '유다의 농업/정착지와 요새' 글씨를 향하도록 하라. 이 화살표 위에 검정 볼펜으로 '대하 28:17'이라고 써라.

05 블레셋의 유다 침공을 표시하는 파랑 화살표를 블레셋 사각에서 라기스 방향으로 그어라. 아하스왕 때 유다는 급속도로 약화되어 사방의 적에게 공격을 받았다.

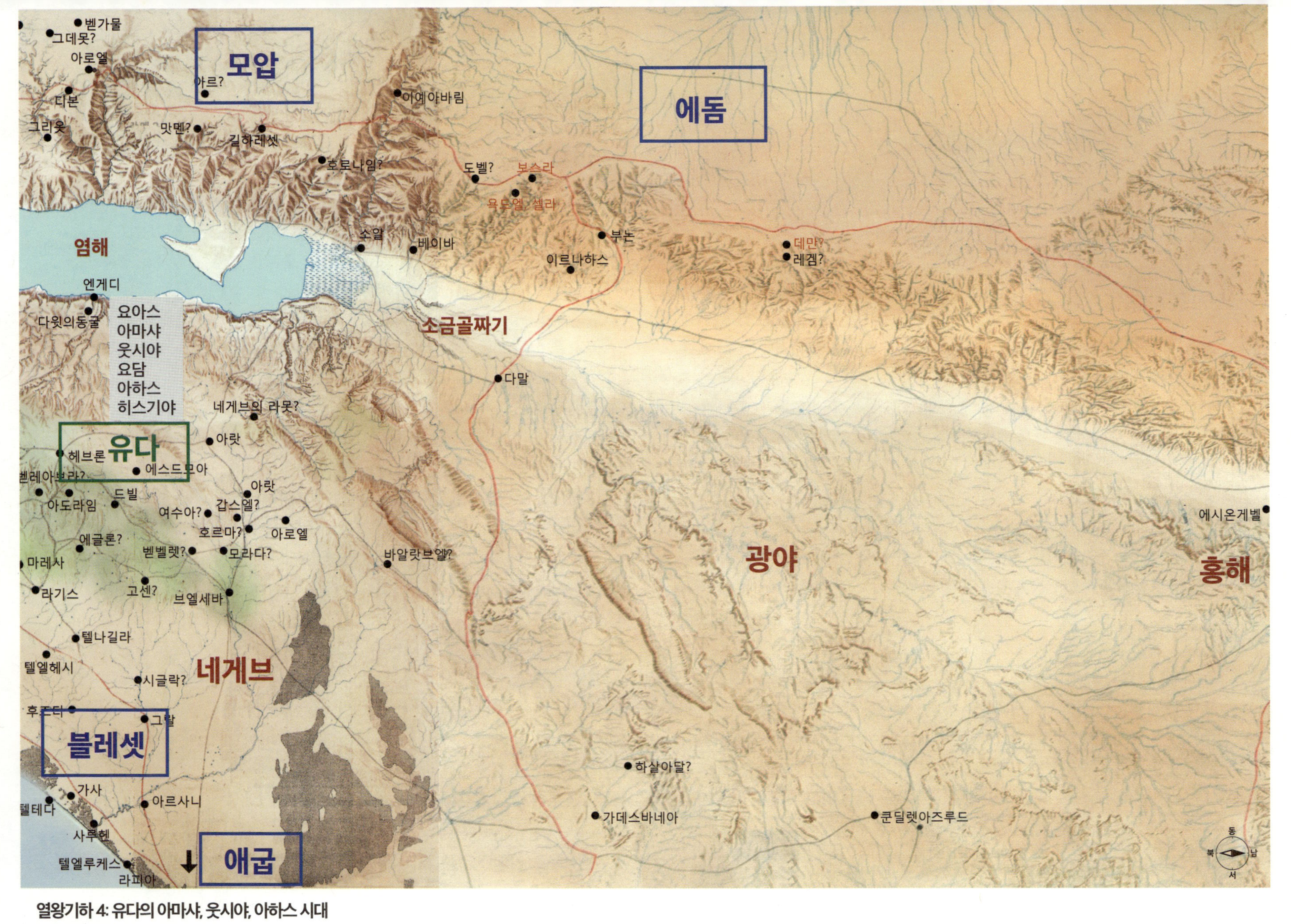

열왕기하 4: 유다의 아마샤, 웃시야, 아하스 시대

열왕기하 5 그리기 BC 8세기 남북 왕국을 향한 선지자들의 경고

배경

01 초록 사각으로 예루살렘을 두르라.

02 주황 사각으로 사마리아를 두르라.

03 주황으로 사마리아 오른쪽 위에 '이스라엘'이라고 크게 써라.

04 초록으로 에담 오른쪽에 크게 '유다'라고 써라.

05 파랑으로 블레셋 도시인 '아스돗, 가드, 에그론'의 점에 덧칠하라.

06 파랑으로 가드와 아스돗 사이에 '블레셋'이라고 쓰고 사각을 두르라.

07 갈색으로 브올과 벧술 사이에 '유다 산지', 벧세메스와 딤나 사이에 '쉐펠라', 라기스 왼쪽에 세로로 '네게브'라고 써라.

08 파랑 점선으로 경계를 표시하라.

a. 블레셋이 쉐펠라 공격 후에 국경이 확장되었다. 해변에 있는 텔미할 근처에서 동쪽으로 가다 야르콘 강을 건너 아벡과 오노 사이로 지난다. 하딧과 롯(Lod 로드, 룻다) 사이 남동쪽으로 계속 진행해서 하딧과 김소 사이를 지나 위로 올라가다 사알빔 바로 위를 지나다 아얄론의 바로 위쪽 산지까지 나아가라.

b. 산지의 가장자리를 따라 오른쪽으로 가다 사노아와 소고 바로 위를 지나 모레셋가드의 '가'자를 지나 에델(Ether)의 바로 아래를 지나서 오른쪽(라기스의 바로 아래)로 돌아서서 지도의 남쪽 가장자리 끝까지 나아가라.

09 초록 점선으로 유다 경계를 표시하라.

a. 지도의 동쪽 가장자리에서 믹마스와 게바 사이를 지나 미스바의 왼쪽을 지나고 두 벧호론의 왼쪽을 지나 사알빔이 있는 블레셋 경계와 이어라.

아모스 선지자

01 베들레헴 오른쪽 드고아 위를 노랑으로 덧칠하고 검정으로 '아모스 고향'이라고 써라.

02 벧엘 위에 노랑을 덧칠하고 '아모스'라고 크게 써라. 아모스가 예언한 곳이다.

03 검정 볼펜으로 벧엘 왼쪽 위 검정 길 1cm 지점에 빨강 도시점을 그리고 왼쪽에 '길갈'이라고 쓰라.

04 빨강으로 벧엘과 길갈의 도시점을 덧칠하라. 이곳은 이스라엘의 우상의 전각이 선 장소다.

호세아 선지자

01 사마리아 아래에 왼쪽을 향하는 검정 화살표를 하고 그 화살표 아래에 갈색으로 '이스르엘 골짜기'라고 써라.

02 이스르엘 골짜기 아래에 검정으로 '호세아'라고 써라.

미가 선지자

01 모레셋가드를 노랑으로 덧칠하고 그 위에 '미가 고향'이라고 써라.

02 블레셋의 쉐펠라 공격을 표시하기 위해 블레셋 사각에서 김소, 아얄론, 딤나, 벧세메스, 소고를 향하는 파랑 화살표 5개를 표시하라.

03 미가가 징계받을 도시로 언급한 '라기스'와 '마레사'의 도시 점 위에 빨강으로 덧칠하라.

실로
하솔
세겜
하세롯?
믹므다
믹마스
에얏,아야?
게바
아나돗?
놉?
엔세메스
아나냐
게바?
야숩?
답부아
벧엘
라마
기브아
예루살렘
벧하게렘?
아사
스마라임(산)?
미스바
넵도바?
드고아
사마리아
고소
아다롯아달?
기브온
브에롯?
넵도아의 물
베들레헴
마나핫
에담
엘맛단
모사
갈루나
가인
브올
소바?
베델
벧아놋
세벨
딤낫세라
위 벧호론
그비라
기럇여아림
할훌
헤브론
십단?
아래 벧호론
그돌
벧술
게살론
벧답부아
벧레아브라?
아도라임
아얄론
그일라
에스다올
사노아
아둘람
드십
랍바?
소라
사알빔
벧세메스
야르뭇
소고
느발랏
하딧
김소
립나?
아벡
아세가
에글론?, 텔에톤
롯
게셀
딤나
모레셋가드?
마레사
뮈달갓?
깃다임
야르콘강
오노
에델
깁브돈
에그론
가드
라기스
텔포렉
브네베락
벧다곤
식게론
텔미할
텔카실라
아솔
엘데게?
바알랏?
텔엘아레니
텔쿠다디
욥바
야브느엘
텔나길라
에글론?, 텔엘헤시

대해(지중해)

동
북
남
서
야브네얌
므잣 하삽야후
텔몰
아스돗

열왕기하 5: BC 8세기 남북 왕국을 향한 선지자들의 경고

열왕기하 6 그리기 앗수르 디글랏빌레셀 3세 정복 활동

1차 734년 해변 원정

01 파랑 화살표를 베니게에서 빨강 도로를 따라 욕느암까지 향하라.
02 욕느암에서 '돌'을 향하라.
03 돌에서 시작하여 빨강 해변길을 따라 아벡으로 향하라.
04 아벡에서 게셀을 향하라.
05 게셀에서 해변길을 따라 오른쪽으로 가다 가사를 향하라.
06 앗수르 벽화에 의하면 '게셀'과 '가사'가 정복되었다. 빨강으로 이 도시 점을 덧칠하라.
07 검정으로 지도의 왼쪽 아래 파랑 화살표 위에 '1차 BC 734'라고 써라.

2차 733년 갈릴리와 길르앗 원정

01 파랑 화살표를 단 아래 아벨벧마아가에서 하솔까지, 하솔에서 가드헤벨까지 향하라.
02 가드헤벨에서 요단 동편 위 로드발 쪽으로 향하라.
03 로드발에서 하나는 요단강을 따라 숙곳을 지나 길르앗 글자까지 가고, 하나는 라못길르앗 쪽을 향하라.
04 다시 가드헤벨에서 한나돈을 보라. 한나돈에서 하나는 므깃도까지, 다른 하나는 욕느암을 경유하여 돌까지 향하라. 화살표와 디글랏빌레셀 3세의 초기 원정길이 섞이지 않도록 주의하라.
05 검정으로 하솔의 왼쪽 파랑 화살표 위에 '2차 733'이라고 써라.
06 빨강으로 단, 아벨벧마아가, 하솔, 메롬, 이론, 가나, 욧바, 가드헤벨, 한나돈, 아루마의 도시 점에 덧칠하라. 납달리 땅과 길르앗에는 빨강 밑줄을 하라.
07 다음은 열왕기하 15:29이다. 이것은 구약성경에서 가장 중요한 사건 중 하나다. 가드헤벨(요나의 고향)의 주민들이 어떻게 느꼈을지 한번 생각해 보라. 결국 수년 전 멸망할 뻔한 니느웨(앗수르의 수도)를 구해 낸 것은 요나였다.

> 이스라엘왕 베가 때에 앗수르왕 디글랏빌레셀이 와서 이욘과 아벨벳마아가와 야노아와 게데스와 하솔과 길르앗과 갈릴리와 납달리 온 땅을 점령하고 그 백성을 사로잡아 앗수르로 옮겼더라

3차 732년 다메섹과 요단 동편 원정

01 파랑 화살표를 왼쪽 위 모서리에서 다메섹을 향하게 하라. 디글랏빌레셀 3세는 다메섹을 초토화시켰다.
02 파랑 화살표를 다메섹에서 출발하여 지도의 맨 위 가장자리를 따라가다가 아스다롯 곁을 지나서 라못길르앗까지 향하라.
03 빨강으로 다메섹과 아스다롯의 도시점을 빨강으로 덧칠하라.
04 검정으로 다메섹에서 라못길르앗 가는 화살표 아래 '3차 732'라고 써라.

범례

주황점선:
디글랏빌레셀 3세의 원정 후 이스라엘

빨강 점과 밑줄 긋기:
앗수르 기록에 언급된 이름과 열왕기하

사각 안의 지명:
수도

열왕기하 6: 앗수르 디글랏빌레셀 3세 정복 활동

열왕기하 7 그리기 북이스라엘 멸망

이스라엘과 유다왕

01 BC 8세기 북이스라엘 멸망 직전에 왕들이 난립하여 지도에 정리해 놓을 필요가 있다. 사마리아 오른쪽 아래 부분 공간에 왕마다 줄을 바꾸어 '스가랴, 므나헴, 브가히야, 베가, 호세아'라고 써라.

02 예루살렘 위 공간에 '웃시야, 요담, 아하스, 히스기야, 므낫세'라고 써라.

사마리아 멸망

01 파랑으로 긴네렛과 가드헤벨 사이에 '앗수르'라고 쓰고 파랑 원을 두르라.

02 파랑 화살표로 지도의 왼쪽 위 언저리(긴네렛 바다 근처)에서 시작하여 앗수르를 두른 원까지 가라.

앗수르 원 주위에서 해변길을 따라 오른쪽으로 오다가 오브라와 이스르엘 사이를 지나 도단의 바로 아래를 통과하여 사마리아까지 오라.

03 검정으로 화살표 위에 '살만에셀 5세(BC 724-722)'라고 두 줄로 오브라 오른쪽에 써라.

04 '사마리아' 주위에 빨강 원을 두르라. 살만에셀은 사마리아를 거의 정복하고 마무리는 그의 아들 사르곤 2세가 하였다.

앗수르 사르곤 2세 원정

01 사르곤 2세의 앗수르 원정을 의미하는 파랑 화살표를 므깃도 어귀부터 시작하여 아벡까지 가다, 하나는 가드로 향하고, 다른 하나는 서쪽 욥바, 아솔, 엘데게를 지나 아스돗으로 향하라. 둘 모두 해변길을 따른다.

02 빨강으로 '깁브돈, 에그론, 가드'의 도시 점들을 덧칠하여 앗수르의 침략을 표시하라.

03 빨강으로 반란의 중심이 된 '아스돗'과 이집트와 앗수르의 중요한 전투가 있던 '라피아'를 원으로 두르라.

04 검정으로 아벡의 왼쪽 아래에 '사르곤 2세'라고 써라.

05 검정으로 욥바에서 아스돗으로 향하는 화살표 아래 '1차 BC 720'이라고 쓰고, 아벡에서 깁브돈으로 향하는 파랑 화살표 아래에 '2차 BC 713-712'라고 써라.

지역명의 변경

03 정복된 지역 명칭은 앗수르 행정명으로 바뀌었다. 파랑으로 크게 앗수르 편재 지경을 표시한다.

a. 가드헤벨 아래 공간에 '므깃도', 믹달의 왼쪽 돌 위에 '돌'(후에 사마리아에 편재), 사마리아 바로 오른쪽에 '사마리아' 에그론과 아스돗 사이에 '아스돗'이라 써라.

b. 지도의 왼쪽 위 여백에 '가르나임'이라 쓰고 그 위에 왼쪽을 향하는 검정 화살표를 하라. 지도의 가운데 위 숙곳 아래 '길르앗', 염해 왼쪽 위에 '암몬'이라 쓰고 오른쪽 옆에 위를 향하는 검정 화살표를 하라.

h. 지도의 남동쪽 끝 모서리에 '모압'이라고 써라.

열왕기하 7: 북이스라엘 멸망

열왕기하 8 그리기 앗수르 산헤립의 공격

배경 그리기

01 초록으로 드고아 아래에 '유다'라고 크게 써라.
02 초록으로 예루살렘을 사각으로 두르라.
03 파랑으로 왼쪽 답부아 위에 '사마리아'라고 써라. 이스라엘이 멸망하고 에브라임 산지를 사마리아라고 불렀다.
04 파랑으로 오노 위에 '앗수르'라고 쓰고 사각을 두르라.
05 갈색으로 베들레헴 아래 쪽에 '산지'라고 써라.
06 갈색으로 게셀 오른쪽 위에 '쉐펠라'라고 써라.
07 갈색으로 엘데게 바로 위에 '엘데게 평원'이라고 써라. 히스기야를 도왔던 디르하가가 이곳에서 전쟁을 했다.

산헤립 공격

01 파랑 화살표로 아벡의 왼쪽에서 앗수르를 두른 파랑 사각까지,
02 앗수르의 파랑 사각 왼쪽 아래에서 욥바를 향하여, 욥바에서 벧다곤, 벧다곤에서 엘데게까지,
03 앗수르의 파랑 사각 왼쪽 아래에서 딤나까지, 딤나에서 에그론까지, 또한 딤나에서 벧세메스, 사알빔을 경유하여 아세가까지 그리라.
04 아세가에서 가드까지, 가드에서 라기스까지, 라기스에서 립나까지 향하라.

앗수르와 이집트 충돌

01 파랑 화살표를 립나에서 길을 따라 '엘데게 평원'까지 그리라. 이 화살표는 앗수르 군대가 엘데게 평원으로 움직이는 모습이다. 립나에서 아세가와 가드를 거쳐 깁브돈까지 가서 엘데게 평원 글자를 향하여 가라. 벧다곤에서 엘데게까지 온 세력과 함께 앗수르는 이집트와 전투하기 위하여 군사력을 집중하였다.
02 주황으로 지도 아래 아스글론에서 시작한 긴 화살표를 해변길에서 좀 위로 평행하게 하여 '엘데게 평원'까지 그어라. 유다를 도우려는 이집트를 점령한 구스왕 디르하가의 시도다. 유다를 도와준 이집트는 아군에 가깝기에 주황으로 표시한다.
03 엘데게 평원에서 이집트가 패했다. 추격(파랑)과 도망(주황) 표시를 엘데게 평원에서 아스돗 방향으로 지도를 빠져나갈 때까지 하라.

예루살렘 공략

01 지도 윗부분에 짧은 파랑 화살표를 아얏에서 믹마스까지, 믹마스에서 게바(도로 곁)까지, 게바에서 라마까지, 라마에서 기브아까지, 기브아에서 놉까지 하라.
02 놉에서 예루살렘까지 짧은 화살표를 하고 기브아 아래 검정으로 '랍사게'라고 적으라. 이사야서 10:28-32에 언급된 상황이다.
03 검정으로 아얏에서 믹마스로 향하는 화살표 아래쪽에 '사 10:28-32'라고 써라.
04 빨강으로 도시의 점을 덧칠하라. 이 도시는 미가서 1장에 일부 언급될 뿐 아니라 산헤립의 비문에도 발견된다: 욥바, 브네브락, 아솔(Azor),아수루, 벧다곤, 엘데게, 딤나, 에그론, 아세가, 가드, 립나, 라기스
05 빨강 원으로 왼쪽 아래 5개 도시(시돈, 우수, 두로, 악십, 악고)를 두르고, '엘데게 평원'과 '라기스'를 두르라. 산헤립이 집중 공격했던 곳이 라기스이며 이집트와 대결했던 곳이 엘데게 평원이다.

열왕기하 8: 앗수르 산헤립의 공격

열왕기하 9 그리기 유다 말기와 멸망

배경

01 초록으로 드고아 아래에 '유다'라고 써라.

02 초록으로 유다의 수도 예루살렘을 사각으로 두르라.

03 갈색으로 벧술 아래에 '산지', 맛만나 위에 '네게브', 마레사 위에 '쉐펠라'라고 써라.

유다왕 요시야

01 검정으로 지도 왼쪽 아래에 있는 오노 위에 왼쪽을 향하는 화살표를 하고 그 위에 '므깃도'라고 써라.

02 파랑 화살표를 아스글론에서 시작하여 빨강 해변길을 따라 므깃도 방향으로 향하게 하라.

03 파랑 화살표 아래에 검정으로 '애굽 바로 느고(BC 609)'라고 써라.

04 므깃도 위에 '요시야 전사'라고 써라.

05 빨강 원으로 므깃도 글씨를 두르라.

바벨론 느부갓네살 침략

01 파랑 화살표로 BC 588-587년의 느부갓네살 침공을 그려 보자.

a. 지도의 왼쪽 가장자리에서 빨강 해변길을 따라 가드를 향하라. 검정으로 에그론을 향하는 파랑 화살표 위에 '바벨론 느부갓네살'이라 쓰고 그 아래에 괄호로 '(BC 605, 598, 588, 582)'라고 써라. 바벨론은 4차에 걸쳐 유다를 침략했다.

b. 가드에서 한 화살표는 아세가로, 다른 화살표는 라기스를 향하라. 검정으로 라기스 오른쪽 위에 '네 번째 편지(렘 34:7)'라고 써라.

c. 아세가에서 소고, 아둘람을 지나 벧술로 올라간 뒤 왼쪽으로 틀어 브올로 향하라.

d. 브올에서 예루살렘까지 가라.

e. 예루살렘에서 추격(파랑)과 도망(초록) 화살표를 여리고까지 그리라. 검정으로 예루살렘 왼쪽의 아나돗 위에 '예레미야 고향'이라고 쓰고 여리고 위에는 '시드기야 잡힘'이라고 써라.

02 유다의 멸망과 함께 에돔이 유다 쪽으로 이주해 온다. 오른쪽 아랏 삼거리 위쪽에서 시작한 파랑 화살표가 아랏으로, 아랏에서 여갑스엘 방향으로 향한다. 오른쪽 위에서 내려오는 화살표 옆으로 '에돔 족속'이라고 써라. 그리고 아랏 왼쪽에 '(이두매)'라고 적어라. 후에 에돔은 이두매 족속으로 불렸다.

03 빨강으로 다음 도시 점을 덧칠하라. 이 시대에 파괴된 도시 목록이다. 고고학적으로 증명되었다: 담나, 아세가, 라기스, 아랏, 벧술, 예루살렘

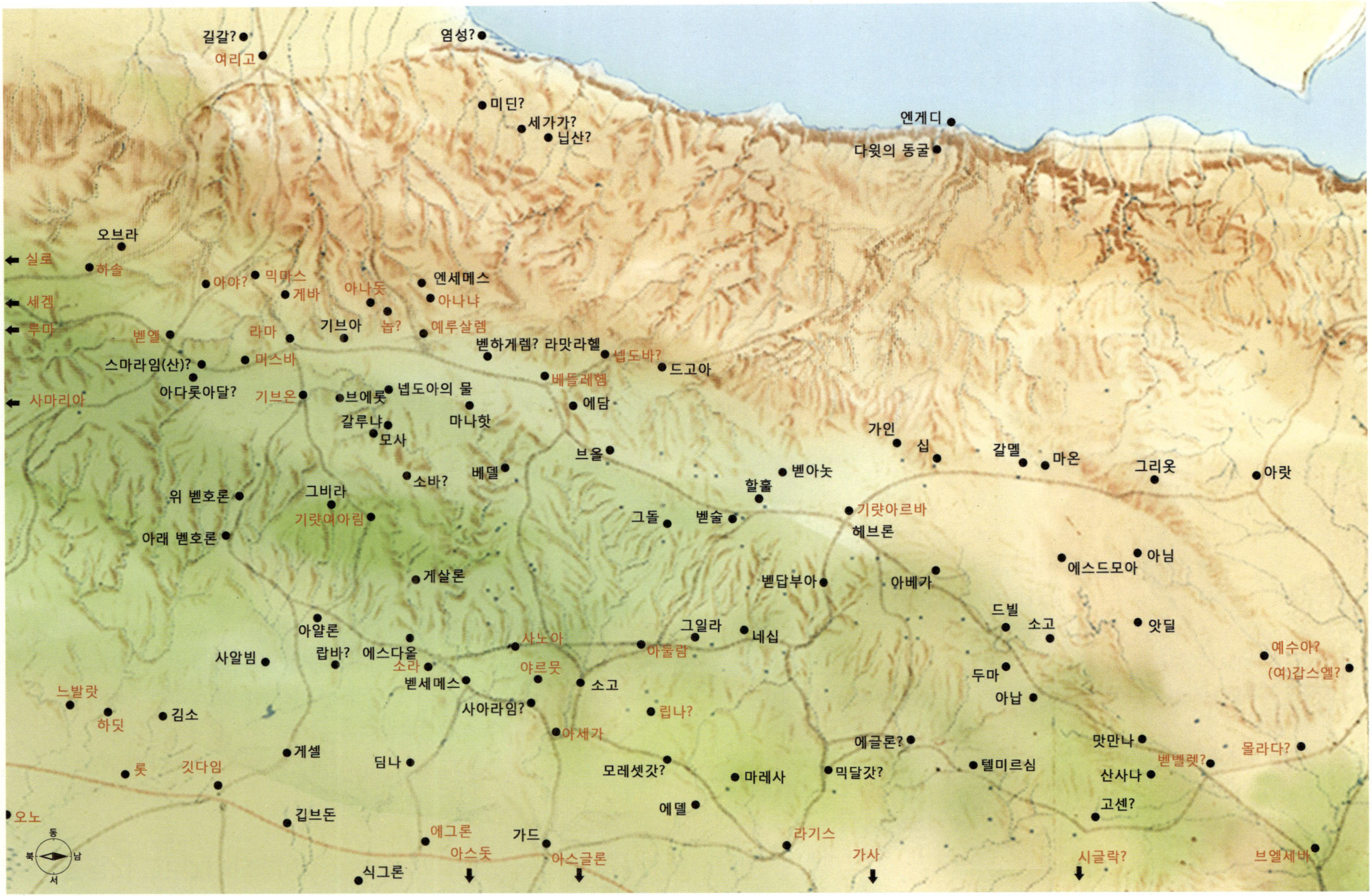

길갈?
염성?
여리고
미딘?
세가가?
닙산?
엔게디
다윗의 동굴
오브라
실로
하솔
아야?
믹마스
게바
아나돗
엔세메스
아나냐
세겜
루마
벧엘
라마
기브아
놉?
예루살렘
벧하게렘?
라맛라헬
넵도바?
드고아
스마라임(산)?
므스바
아다롯아달?
기브온
브에롯
넵도아의 물
베들레헴
사마리아
에담
갈루냐
마나핫
모사
가인
십
갈멜
마온
브올
베델
벧아놋
소바?
그리옷
아랏
위 벧호론
그비라
할훌
기럇아르바
헤브론
기럇여아림
그돌
벧술
아래 벧호론
아님
에스드모아
게살론
벧답부아
아베가
드빌
소고
앗딜
아얄론
그일라
네십
사노아
예수아?
(여)갑스엘?
사알빔
랍바?
에스다올
아둘람
소라
벧세메스
야르뭇
소고
두마
아납
사아라임?
느발랏
하딧
김소
립나?
아세가
에글론?
맛만나
몰라다?
게셀
딤나
모레셋갓?
텔미르심
벧벨렛?
롯
깃다임
마레사
믹달갓?
산사나
에델
고센?
오노
깁브돈
에그론
가드
라기스
아스돗
아스글론
가사
시글락?
브엘세바
식그론
동
북
남
서

열왕기하 9: 유다 말기와 멸망

포로기 그리기 지도 10-1

바벨론 포로기

01 '유다'에 초록 사각을 두르라.

02 주황으로 사마리아 위 '이스라엘'을 주황으로 두르라.

03 갈색으로 고산 아래에 '하볼'이라고 쓰고 니느웨 왼쪽에 '할라'(정확한 장소를 알 수 없다), 시날 땅과 델아빕 사이에 '그발강'이라고 써라.

04 초록으로 그발강가의 델아빕과 니푸르를 초록 사각으로 두르라. 유대인 정착촌이다.

05 주황 점선 화살표를 이스라엘 사각에서 고산 방향으로 향하라. 주황으로 앗수르와 메대 주변의 하볼, 앗술, 고산과 악메다를 포함한 메대를 원으로 두르라. 이스라엘 백성들이 잡혀간 지경이다.

06 초록 점선 화살표를 유다에서 시작하여 사마리아, 다메섹, 리블라, 하맛을 거쳐 알레포로 가라. 알레포에서 오른쪽 직각으로 꺾어 마리를 지나 유브라데강을 따라 바벨론으로 가고 거기서 델아빕으로 향하라. 유다가 4차에 걸쳐 끌려간 경로다.

07 초록 화살표가 시작된 유다의 오른쪽 아라비아 반도 공간에 검정으로 4줄로 '유다 포로/1차 BC 605 다니엘/2차 BC 597 에스겔/3차 BC 586 시드기야'라고 쓰고 초록 사각을 두르라.

08 초록으로 그발강과 바벨론 큰 글씨를 포함하는 원을 그려라. 유다가 잡혀가 정착한 땅이다.

09 유다 사각에서 시작한 검정 점선 화살표를 이집트의 믹돌을 향하다 놉으로 향하고 다시 노아몬을 지나 엘레판틴까지 가라. 믹돌과 놉, 노아몬, 엘레판틴의 도시 점들에 초록 덧칠을 하라. 유대인들이 바벨론을 피해 머물던 정착지다.

바사(페르시아)의 부흥

01 오른쪽 아래 파사르가다에를 주황 사각으로 두르라. 그 위에 검정으로 '고레스'라고 써라.

02 주황 화살표를 파사르가다에에서 악메다로 향하고 악메다 옆에 'BC 550'이라고 써라.

03 다시 시작한 주황 화살표는 아르벨라와 니느웨, 고산, 하란, 갈그미스 위를 지나 토루스산맥 오른쪽을 지나 사데를 향하라. 사데 위에 'BC 546'이라고 써라. 빨강 원으로 사데를 두르라.

04 주황색 화살표를 '파사르가다에'에서 시작하여 수산 아래를 지나 '바벨론'으로 화살표를 하고 그 위에 검정으로 'BC 539'라고 써라.

05 수사에서 시작하여 사데로 가는 빨강 길은 고레스가 리디아 왕국을 정복한 후 만든 도로다. 그 위에 하란 부근 길 위에 검정으로 '왕의 도로'라고 써라.

바벨론 포로 귀환

01 니푸르에서 시작한 초록 화살표를 이미 그린 화살표 아래에 나란히 그려라. 유브라데강이라는 글자 앞에서 바로 다드몰로 꺾어 다메섹을 거쳐 유다로 오라. 확실한 길은 알 수 없으나 최소한 2차 귀환에는 에스라의 기도문에서 보듯 조금 더 험한 길로 왔을 것이다.

02 검정으로 우륵 왼쪽에 네 줄로 '유다 포로 귀환/1차 BC 536 스룹바벨/2차 BC 458 에스라/3차 BC 444 느헤미야'라고 쓰고 초록 사각을 두르라.

03 주황으로 페르세폴리스를 사각으로 두르고, 그 아래에 '다리오 1세'라고 써라.

04 검정으로 수산 위에 '아하수에로와 에스더'라고 써라.

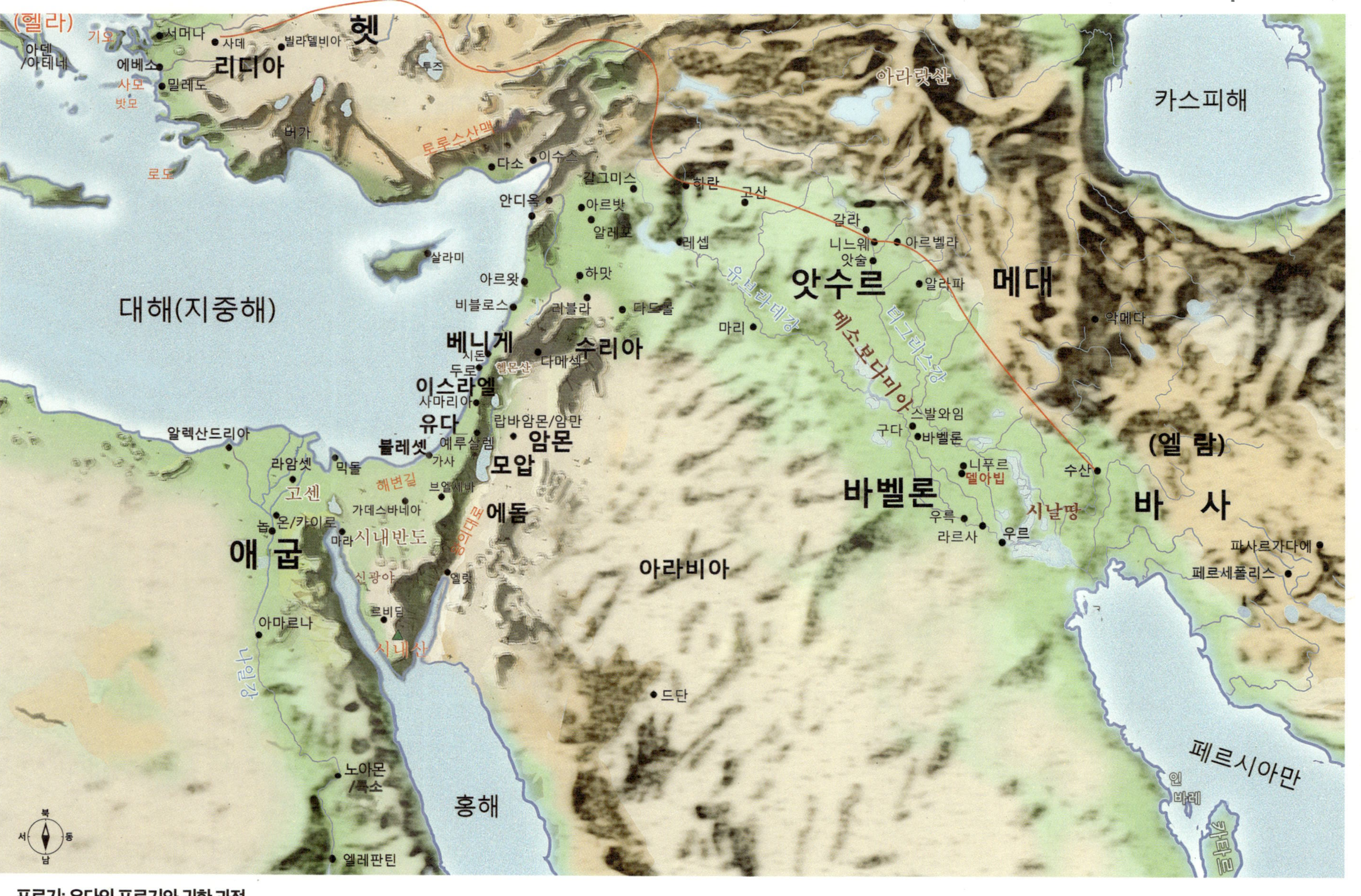

포로기: 유다의 포로기와 귀환 과정

포로 귀환기 그리기 포로 귀환 후 정착 과정

01 갈색으로 하솔 아래 오른쪽에 '갈릴리', 아래 스트라토 망대와 아벡 사이에 '사론', 아벡과 로드 사이 아래 삼각형에 '오노 평지', 시글락 위에 '네게브', 엔게디 위에 '염해', 욥바 아래에 '대해(지중해)'라고 써라.

02 초록으로 벧술 왼쪽에 '유다'라고 써라.

03 파랑으로 유다의 대적이 되었던 민족을 쓰고 가로 안에 그 주동자를 써 보자.

a. 위 아래 벧호론 왼쪽에 두 줄로 '사마리아(산발랏)'라고 쓰고 파랑 사각으로 두르라.

b. 오른쪽 끝 아랏 위에 검정 화살표를 지도 밖으로 향하게 하고 그 옆에 두 줄로 '아라비아(게셈)'라고 쓰고 사각을 두르라.

c. 위 랍바암몬 아래에 두 줄로 '암몬(도비야)'이라고 쓰고 파랑 사각을 두르라.

d. 아래 아스돗 위에 '아스돗'이라고 쓰고 사각을 두르라. 앗수르가 부르던 행정 명칭이 그대로 불렸다.

e. 오른쪽 텔벧미르심 위에 '이두매'라고 써라. 게달의 아라비아 족속에게 밀리던 에돔 사람이 유다가 멸망한 틈을 타서 네게브와 쉐펠라 일부에 침투하여 자리를 잡고 살았다. 이들을 이두매라고 불렀는데 유다인들이 거주하지 않은 주요 도시에 이두매 사람이 살았다. 이두매 족속에서 헤롯이 태어난다. 그 과정은 중간기에서 보자.

f. 사론이라는 글자 왼쪽에 파랑으로 '돌'이라고 써라. 이곳은 느헤미야를 대적한 기록은 없지만 BC 450년에 시돈에 넘겨졌다.

04 다음 구절은 유다 사람이 바벨론에서 돌아와 거주한 마을 목록이다. 밑줄 친 도시를 지도에서 찾아 초록 밑줄을 치라. 포로기 이후 유다인의 거주 분포를 볼 수 있는 표시다.

25 마을과 들로 말하면 유다 자손의 일부는 기랏아르바와 그 주변 동네들과 디본과 그 주변 동네들과 여갑스엘과 그 마을들에 거주하며
26 또 예수아와 몰라다와 벧벨렛과
27 하살수알과 브엘세바와 그 주변 동네들에 거주하며
28 또 시글락과 므고나와 그 주변 동네들에 거주하며
29 또 에느림몬과 오라와 야르뭇에 거주하며
30 또 사노아와 아둘람과 그 마을들과 라기스와 그 들판과 아세가와 그 주변 동네들에 살았으니 그들은 브엘세바에서부터 힌놈의 골짜기까지 장막을 쳤으며
31 또 베냐민 자손은 게바에서부터 믹마스와 아야와 벧엘과 그 주변 동네들에 거주하며
32 아나돗과 놉과 아나냐와
33 하솔과 라마와 깃다임과
34 하딧과 스보임과 느발랏과
35 로드와 오노와 장인들의 골짜기에 거주하였으며(느 **11:25-35**)

* 여갑스엘은 지도를 벗어나 있고(지도 열왕기하 **2** 참고), 디본, 하살수알, 므고나, 오라 등은 위치가 정확히 밝혀지지 않았다.

포로 귀환기 그리기: 포로 귀환 후 정착 과정

창세기 1(에덴동산, 노아 홍수)

창세기 2(롯과 하갈, 북방 왕 전쟁, 소돔과 고모라 멸망)

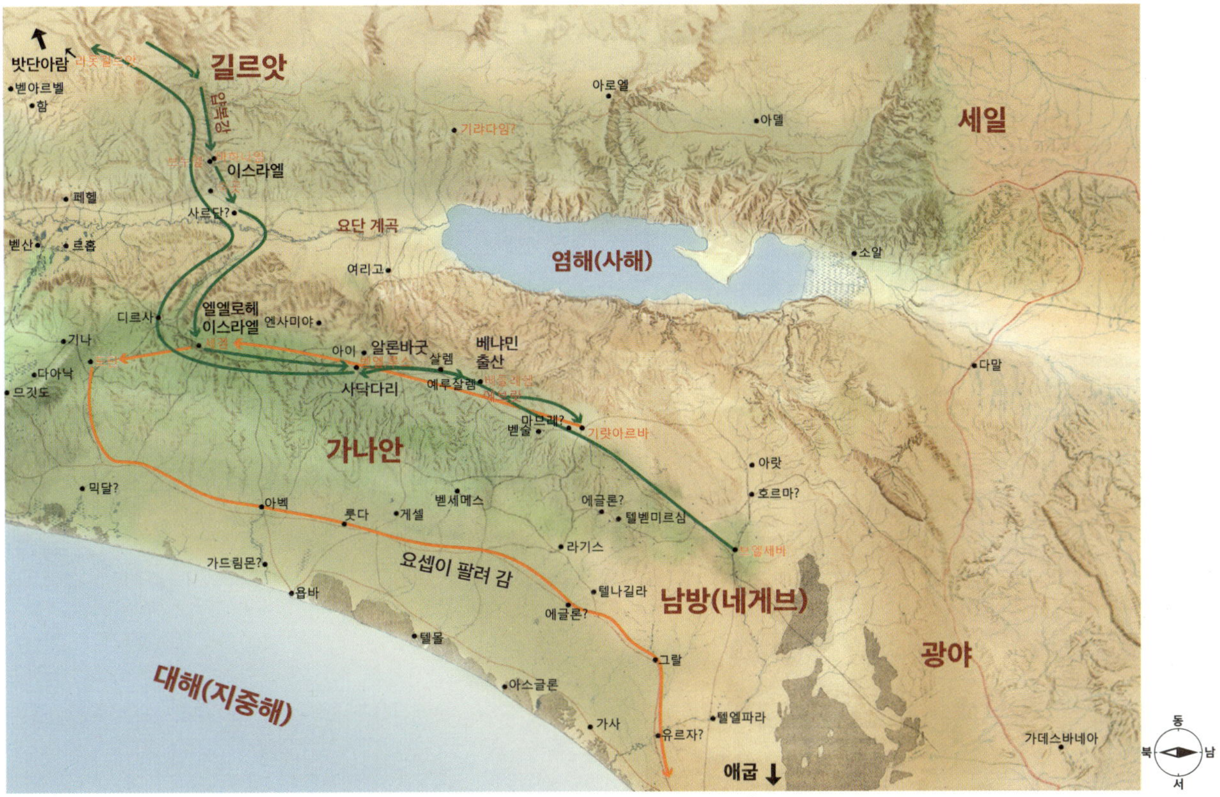

밧단아람
벧아르벨
함
길르앗
이스라엘
페헬
사르단?
벧산
르홉
요단 계곡
여리고
디르사
엘엘로헤
이스라엘
엔사미야
기나
다아낙
므깃도
아이
알론바굿
살렘
베냐민
출산
사닥다리
예루살렘
마므레?
벧술
기럇아르바
가나안
믹달?
아벡
룻다
게셀
벧세메스
에글론?
텔벧미르심
라기스
요셉이 팔려 감
가드림몬?
욥바
텔나길라
에글론?
남방(네게브)
텔몰
그랄
대해(지중해)
아스글론
가사
유르자?
텔엘파라
애굽
아로엘
아델
기랴다임?
세일
염해(사해)
소알
다말
아랏
호르마?
광야
가데스바네아
동
북
남
서

창세기 3(야곱의 도망과 귀환, 요셉이 팔려 감)

암몬
압복강
아르논강
세렛강
느보산
신명기
모압
에돔
부논
아 라 비 아
가 나 안
아랏
헤브론
세일산
놋뱀
딤나
미디안 광야
시내 산?
신(Zin) 광야
미리암 나병
홍 해
하세롯?
가데스바네아
정탐과 40년
바란 광야
기브롯핫다아와?
탐욕의 무덤
다베라?
여호와의 불
시 내 반 도
시내산
성막/율법
대해(지중해)
르비딤
만나(말씀)
신(Sin) 광야
맛사(성령)
여호와 닛시(기도)
여호와 라파
(눈/가치관)
술 광야
마라
홍 해
홍해(세례)
노아몬
고 센
숙곳
비돔
라암셋
유월절(구원)
애 굽
나일강
아마르나
동
북
남
서

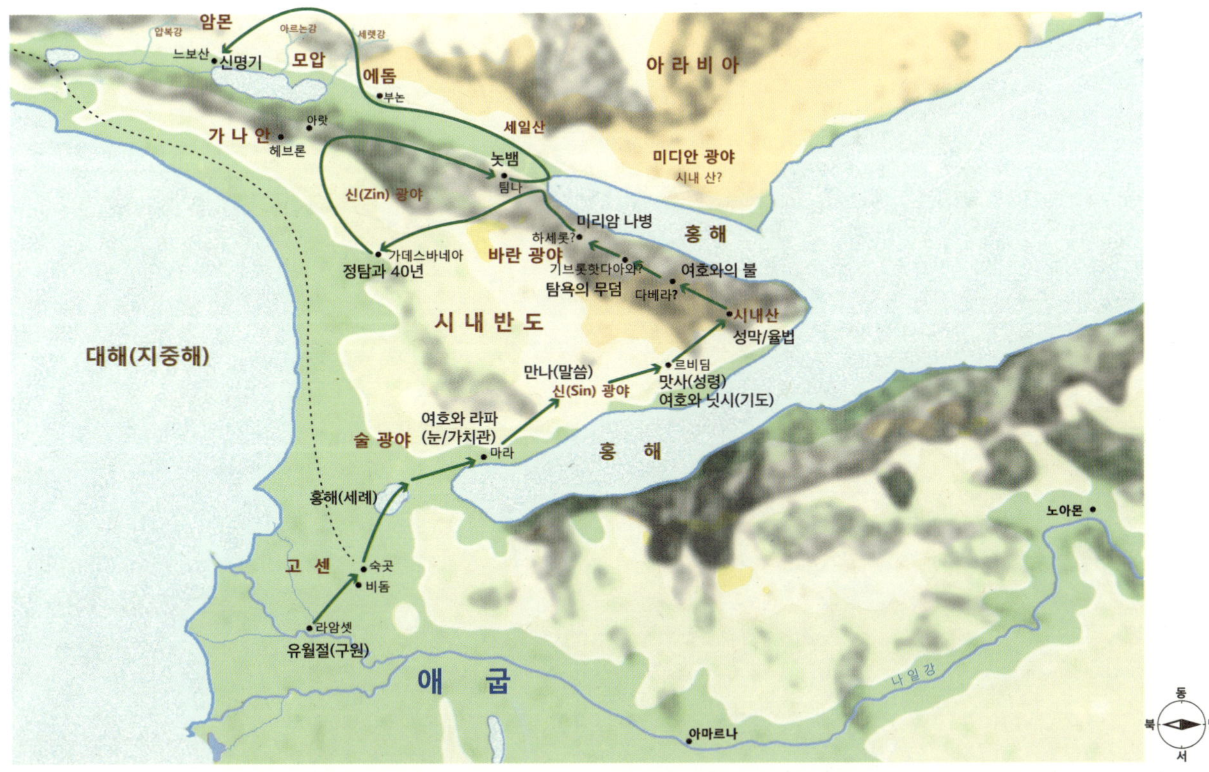

출애굽 1(출애굽 시작, 홍해에서 시내산까지, 시내산에서 가데스바네아까지, 가데스바네아부터 모압 평지까지)

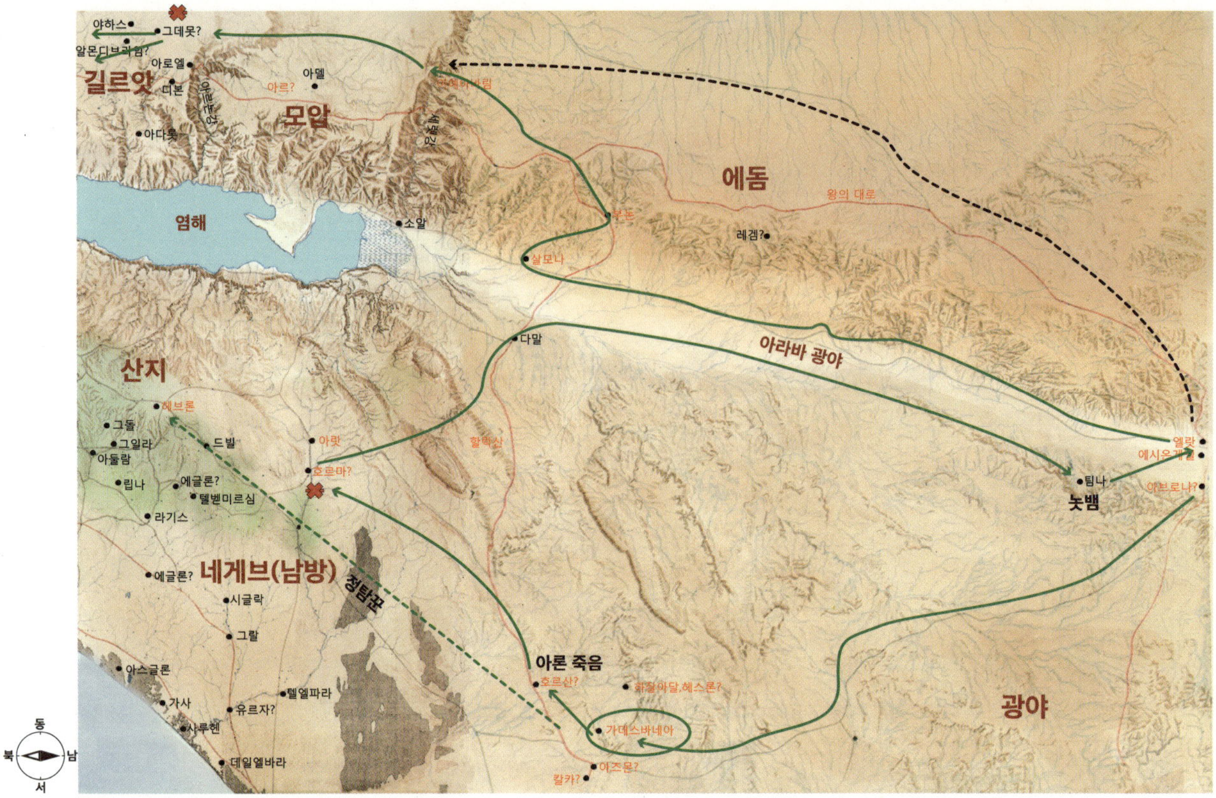
야하스
그데못?
알몬디블라다임?
아로엘
길르앗
디본
아르논강
아델
아르?
모압
세렛강
아다롯
염해
소알
에돔
왕의 대로
레겜?
부논
살모나
다말
아라바 광야
산지
헤브론
그돌
그일라
아둘람
드빌
아랏
호르마?
립나
에글론?
텔벧미르심
라기스
에글론?
네게브(남방)
정탐꾼
시글락
그랄
아스글론
가사
유르자?
텔엘파라
사루헨
데일엘바라
할락산
엘랏
에시온게벨
딤나
놋뱀
아브로나?
아론 죽음
호르산?
하살아달,헤스론?
가데스바네아
아스몬?
칼카?
광야
동
북
남
서

민수기 1(광야 전체 상황, 가데스바네아 도착과 출발)

에드레이
바산왕 옥
라못길르앗
암몬
랍바암몬
베셀?
야하스
헤스본왕 시혼
메드바 고원
그데못?
욕브하
야셀?
헤스본
메드바
알몬디블라다임?
아로엘
디본
길르앗
얍복강
가몬
느보산
벧브올?
기랴다임?
바알므온 브온
벧하란
비스가
아르논강
아벨싯딤
모압 평지
아다롯
야베스길르앗
브니엘
마하나임
벧니므라
벧여시못
페헬
숙곳
사르단?
아담
요단강
벧산
르홉
함맛
아나하랏?
베다니
염해
길갈?
여리고
베섹
디르사
수넴
기나
이블르암
오브라?
에발산
세겜
그리심산
축복과 저주
아이
벧엘
도단
다아낙
므깃도
예루살렘
(유다)광야
베들레헴
기브온
브에롯?
마나핫
가나안
기브온 족속
산지
그비라
기럇여아림
그돌
헤브론
욕느암
아루나
동
북
남
서

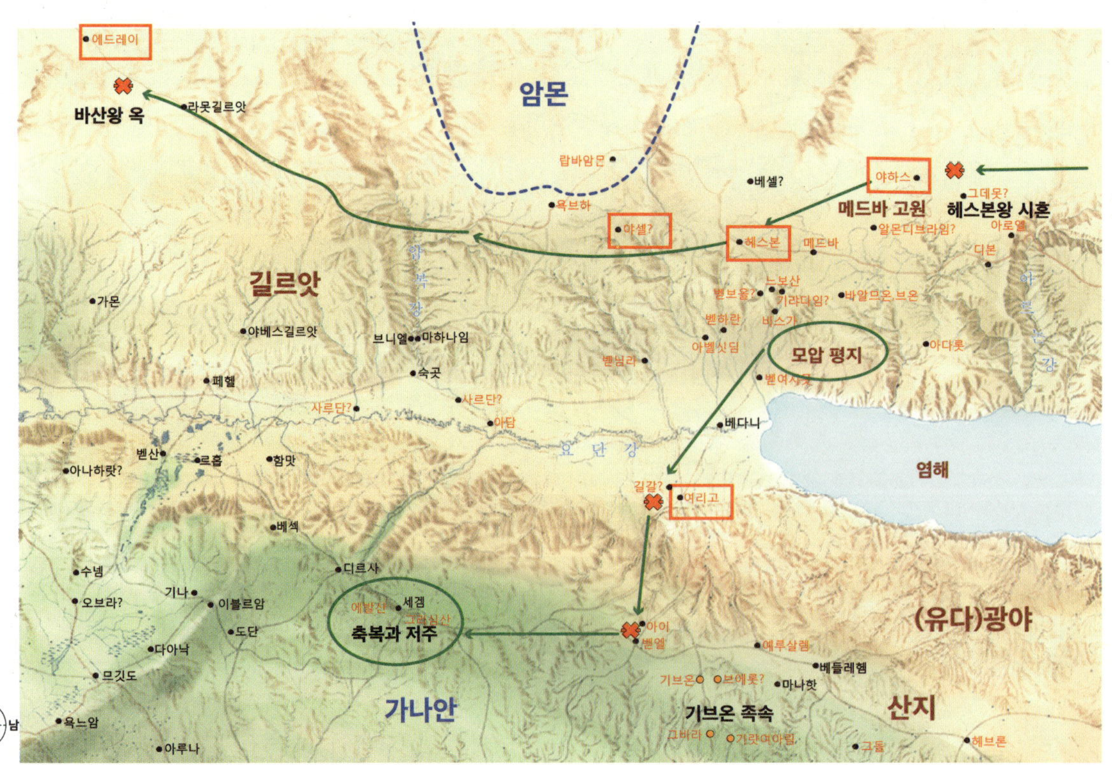

신명기 1(요단 동편 개관, 가나안 동쪽 접근로, 가나안 진군)

신명기 2(가나안 동쪽 접근로, 아마르나 시대의 가나안 상황, 가나안 진군 요약)

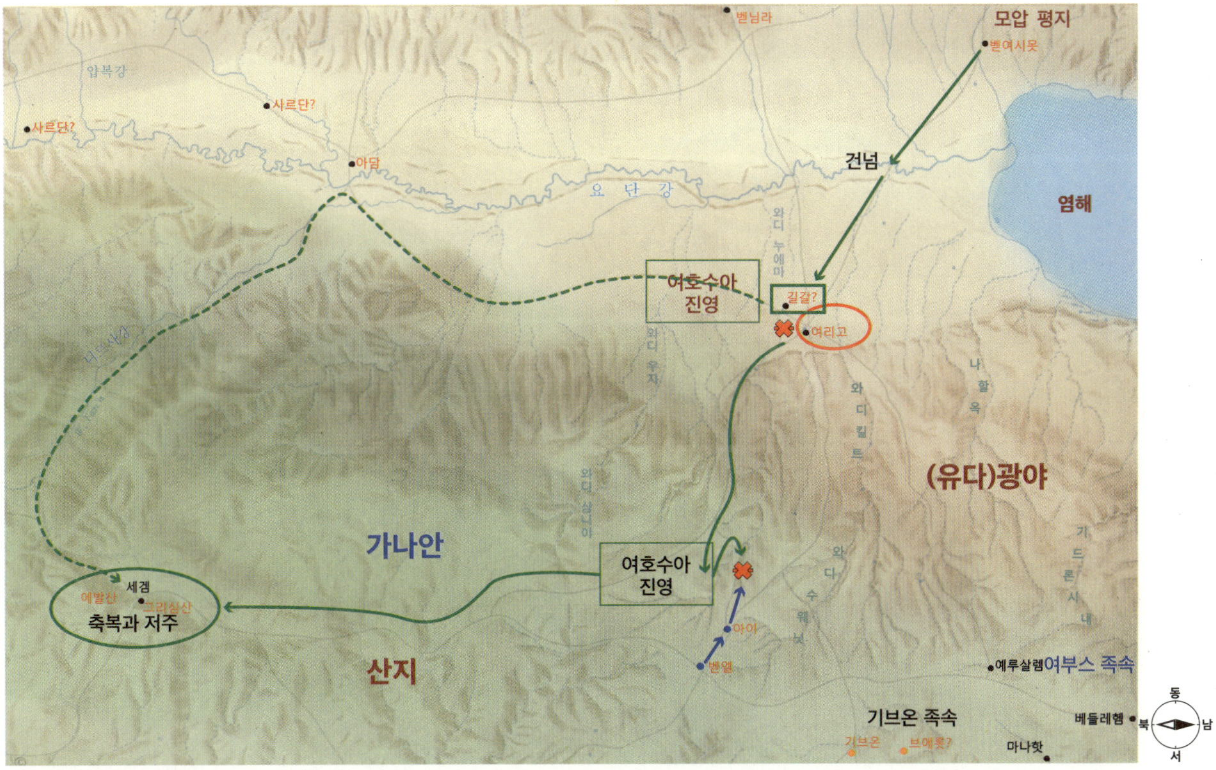

여호수아 1: 중부 정복(여리고의 지형, 여리고 함락과 산지 공격)

여호수아 2: 남부 정복(중부 지형, 기브온 전쟁, 기브온 전쟁 결과)

여호수아 3: 북부 정복(가나안 군대 집결, 메롬 전투)

여호수아 4: 지역 분배(분배 받은 지파 위치 기록하기, 남부, 중부의 점령하지 못한 도시들, 북부의 점령하지 못한 도시들, 도피성)

사사기 1: 사사 위치

사사기 2: 첫 사사 옷니엘(아도니베섹 정벌, 옷니엘)

사사기 3: 드보라와 기드온 전쟁(드보라의 다볼산 전투, 기드온과 미디안 전쟁)

사사기 4: 기드온 추격전과 입다 전쟁(미디안과 추격전, 입다 시대의 암몬 침입)

사사기 5: 삼손(블레셋과 삼손)

사사기 6: 에훗, 아비멜렉, 시민전쟁(왼손잡이 사사 에훗, 기드온의 아들 아비멜렉, 시민전쟁)

사무엘상 1: 아벡 전쟁(블레셋의 위협, 아벡 전쟁, 법궤 귀환, 미스바 구원)

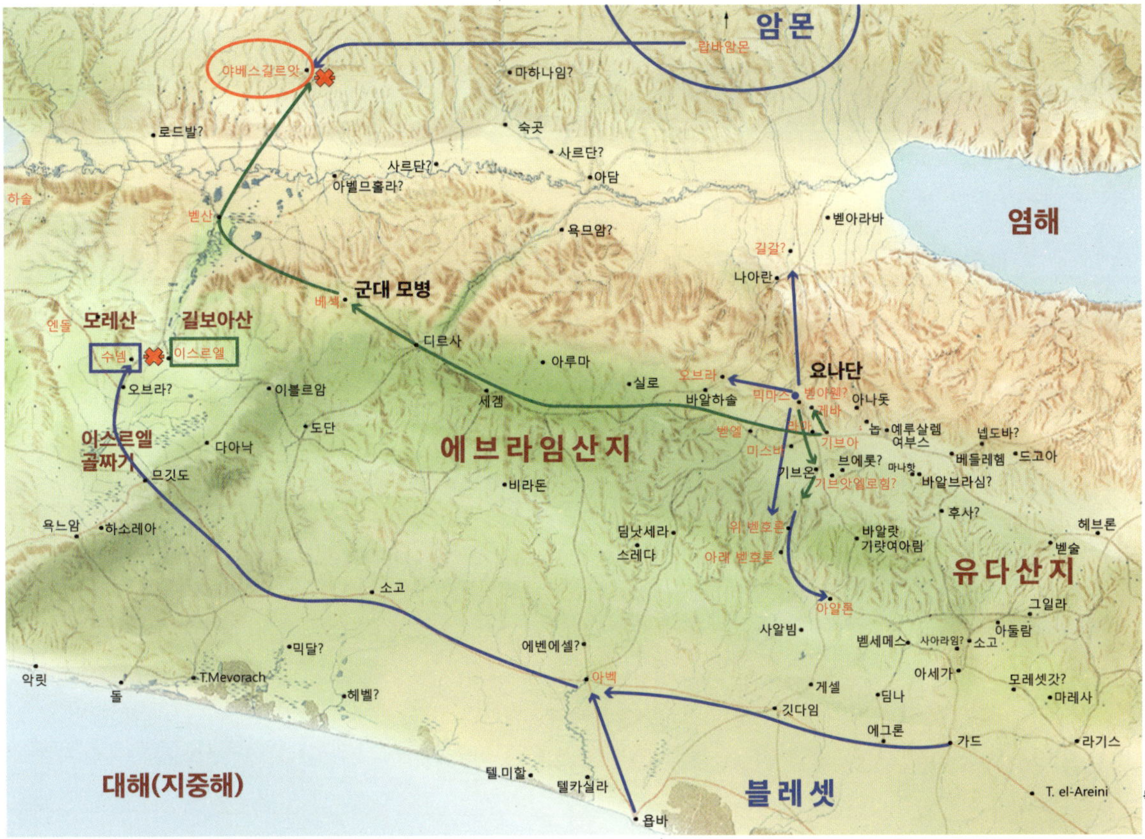

암몬
랍바암몬
야베스길르앗
마하나임?
로드발?
숙곳
사르단?
사르단?
아담
아벨므홀라?
하솔
벧산
욕므암?
벧아라바
염해
길갈?
나아란
베섹
군대 모병
엔돌
모레산
길보아산
디르사
수넴
이스르엘
아루마
요나단
실로
오브라
바알하솔
믹마스
벧아웬?
게바
아나돗
오브라?
이블르암
세겜
도단
벧엘
라마
놉
예루살렘
여부스
넵도바?
이스르엘 골짜기
다아낙
에브라임산지
미스바
기브아
브에롯?
마나핫
베들레헴
드고아
므깃도
기브온
기브앗엘로힘?
바알브라심?
비라돈
욕느암
하소레아
후사?
딤낫세라
위 벧호론
바알랏
기럇여아림
헤브론
스레다
아래 벧호론
벧술
유다산지
소고
아얄론
그일라
사알빔
아둘람
에벤에셀?
벧세메스
사아라임?
소고
믹달?
악릿
돌
T.Mevorach
아벡
아세가
모레셋갓?
헤벨?
게셀
딤나
마레사
깃다임
에그론
가드
라기스
대해(지중해)
텔.미할
텔카실라
블레셋
T. el-Areini
욥바
동
북
남
서

사무엘상 2: 사울과 요나단 전쟁(왕을 세움, 요나단 전투, 사울의 최후가 된 전쟁 개요)

사무엘상 3: 다윗의 도피생활(다윗의 기름 부음, 엘라 골짜기의 다윗과 골리앗, 다윗의 도피생활)

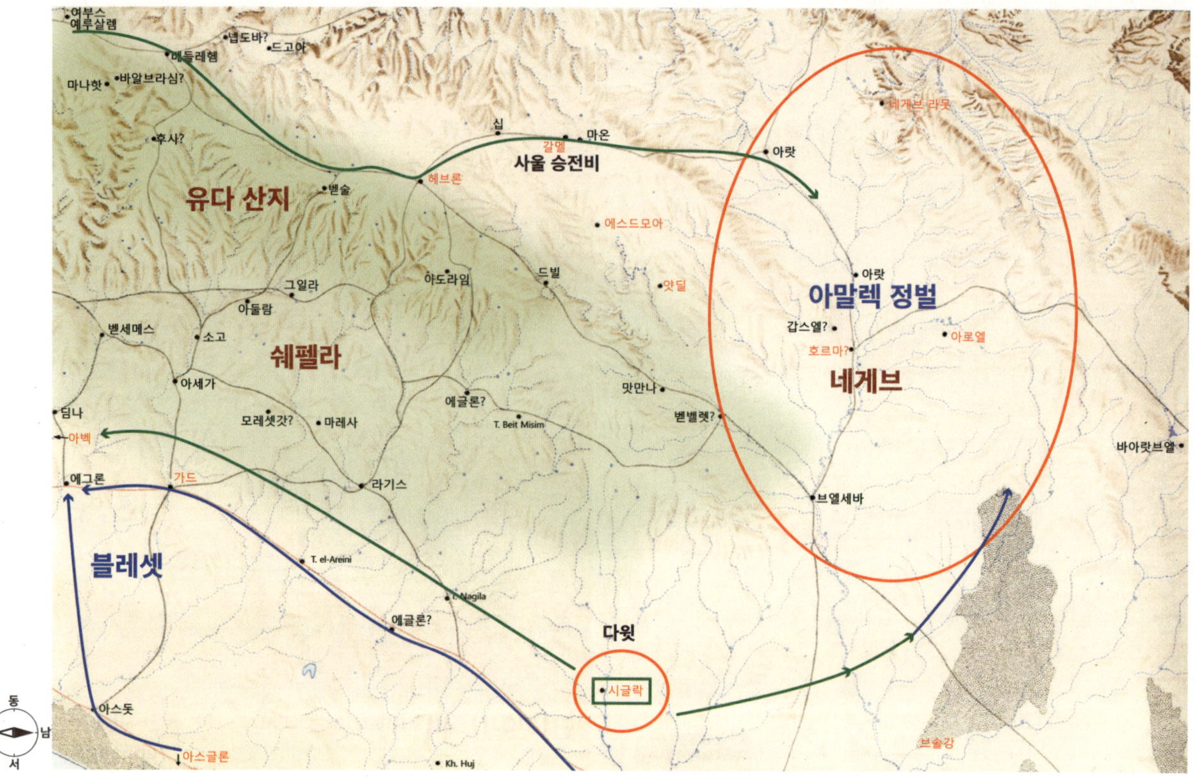

사무엘상 4: 다윗의 블레셋 생활(사울의 아말렉 공격, 블레셋 군대의 다윗 거절)

사무엘하 1: 다윗 왕정(블레셋의 예루살렘 침공, 암몬의 랍바 전쟁, 압살롬의 반역)

사무엘하 2: 다윗의 인구조사와 솔로몬 행정(다윗의 인구조사, 솔로몬 행정 구역)

열왕기상 1: 솔로몬 통치(솔로몬의 무역과 대적)

열왕기상 2: 왕국 분열과 시삭의 침공(왕국 분열, 시삭의 북쪽 군사 원정)

열왕기상 3: 시삭의 남쪽 침략(애굽 시삭의 남쪽 침략)

르호보암
아비야
아사
여호사밧

여로보암
나답/
바아사
엘라/
시므리/
오므리
아합

열왕기상 4: 남북 왕국의 국경 전쟁
(르호보암의 방어 전략, 아비야와 여로보암 국경 전쟁, 아사왕의 쉐펠라 마레사 전쟁, 바아사의 요새화와 아사의 국경 확정)

열왕기상 5: 엘리야 사역(엘리야의 사역)

열왕기상 6: 이스라엘과 아람의 충돌(아람의 공격, 베니게와 협력, 아합의 죽음)

열왕기하 1: 모압 전쟁(모압의 반역, 모압 원정, 모압의 침공, 에돔의 반역, 유다왕 요담)

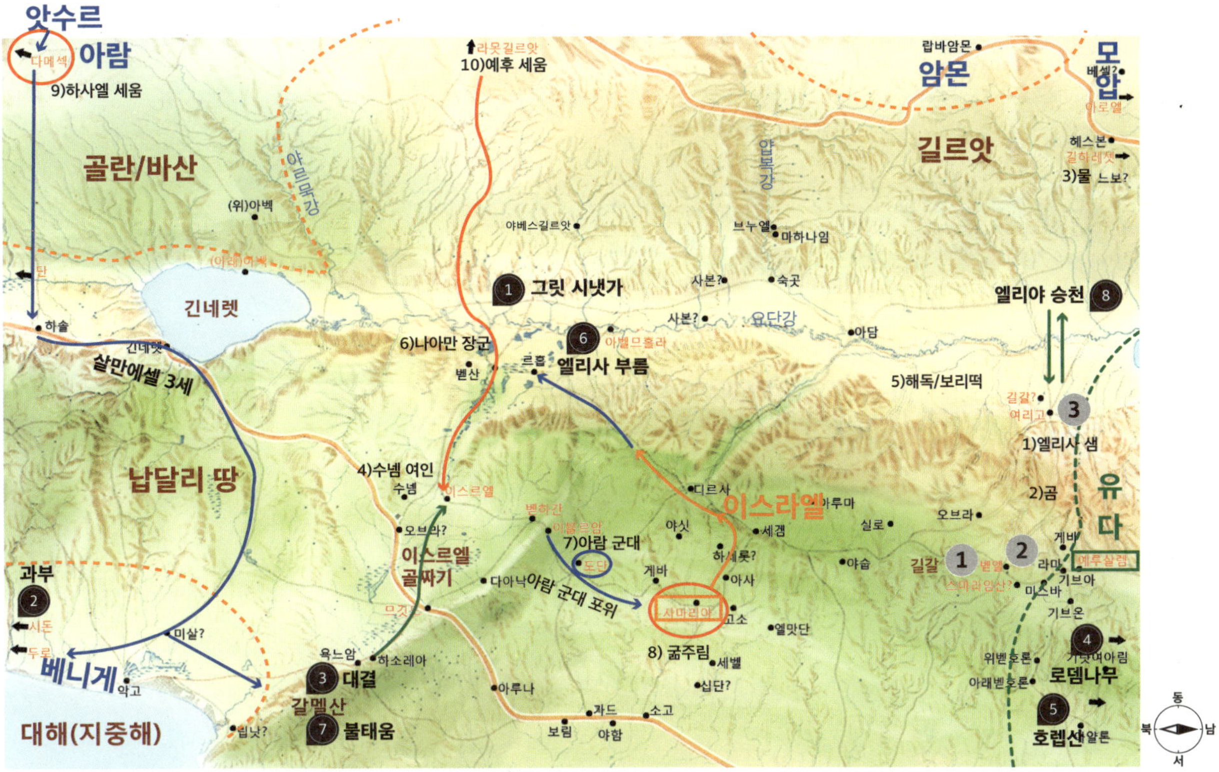

앗수르
다메섹
아람
9)하사엘 세움
10)예후 세움
라못길르앗
랍바암몬
암몬
모압
베셀?
아로엘
골란/바산
야르묵강
얍복강
길르앗
헤스본
3)물 느보?
(위)아벡
아베스길르앗
브누엘
마하나임
단
(아래)아벡
1 그릿 시냇가
사본?
숙곳
엘리야 승천 8
긴네렛
하솔
6)나아만 장군
6 엘리사 부름
아벨므홀라
요단강
아담
살만에셀 3세
벧산
르홉
5)해독/보리떡
길갈?
여리고
3
1)엘리사 샘
납달리 땅
4)수넴 여인
수넴
이스르엘
벧하간
7)아람 군대
도단
디르사
이스라엘
아루마
세겜
실로
오브라
2)곰
유다
오브라?
이스르엘 골짜기
야싯
하세롯?
야샵
길갈
1
2
벧엘
라마
게바
예루살렘
과부
2
시돈
두로
다아낙
아람 군대 포위
게바
아사
스마라임산?
미스바
기브아
므깃도
사마리아
고소
기브온
미살?
엘맛단
4
기럇여아림
욕느암
하소레아
8) 굶주림
세벨
위벧호론
아래벧호론
베니게
악고
3 대결
십단?
로뎀나무
아루나
갈멜산
가드
소고
5
대해(지중해)
립낫?
7 불태움
보림
야함
호렙산
알론
동
북
남
서

열왕기하 2: 엘리야 후반기와 엘리사 사역(엘리사 사역, BC 841년: 예후의 혁명, 살만에셀 3세의 원정)

앗수르 아닷니라리 3세(BC 796)
하사엘(BC 815-810)
다메섹
가르나임
벧아르벨
아람
야르묵강
바산
마하나임?
길르앗
얍복강
암몬
야셀?
므바앗?
베셀?
야하스?
벧가물
게메못?
엘르에
헤스본
벧디블라다임?
메드바
기랴다임?
느보?
벧바알므온
아로엘
모압
디본
그리욧
아르논강
맛멘?
길하레셋
노보하맛
단
아욘
(아래)아벡?
로드발?
숙곳
아벨벧마아가
하솔
엔게브
긴네렛
요아스(BC 790)
아벨므홀라?
여로보암(BC 780)
사본?
아담
게데스
벧산
길갈?
여리고
영성?
염해
메롬?
이욘
여로보암(BC 780)
엔게디
납달리
가드헤벨
이스르엘
이스라엘
이스라엘 베가
아루마
나할다윗의 굴
가나
(아)루마
요나
오브라
아롬르임
하술
믹마스
아이아?
아나돗
아나냐
욥바
한나돈
다아낙
도단
게바
아람 르신
딥부아
벧엘
라마
예루살렘
벧하게렘?
미스바
기브아
베들레헴
베니게
므깃도
사마리아
기브온
갈로니
마나핫
유다
시돈
우수
두로
미살?
벧술
헤브론
네게브의 라못
악십
악고
욕느암
하소레아
위 벧호론
아래 벧호론
아랏
립낫?
하사엘(BC 815-810)
아얄론
사노아
벧레아브라?
아도라임
드빌
여수아?
(여)갑스엘?
호르마?
몰라다?
텔식모나
믹달?
소라
아둘람
얏릿
돌
텔므보락
아벡
느발랏
하딧
김소
벧세메스
야르뭇
소고
립나?
에글론?
요아스
게셀
딤나
아세가
모레셋갓?
마레사
텔벧미르심
벧벨렛
텔폴렉
오노
텔믹할
텔카실라
브네베락
벧다곤
깁브돈
에그론
가드
라기스
고센?
브엘세바
텔쿠다디
야블레
엘데게
가브네
아브돗
텔엘아레니
텔나길라
욥바
야브네얌
웃시야
에글론?
블레셋
므잣 하삽야후
텔몰
아스돗
후스터
시글락?
그랄
아스돗얌
아스글론
대해(지중해)
테다터
가사
알사니
사루헨?
애굽
텔엘루케스
라피아
동
북
남
서

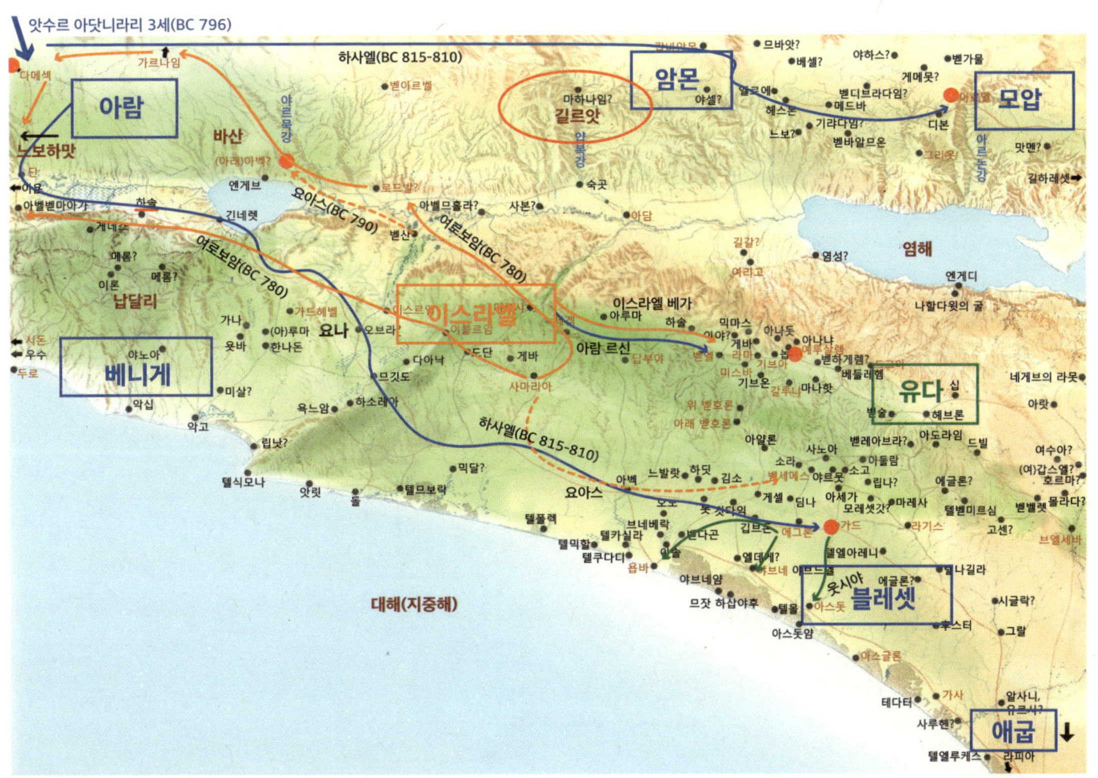

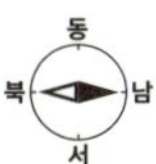

열왕기하 3: 여로보암 2세와 웃시야의 부흥 시대

(아람왕 하사엘, 앗수르왕 아닷니라리 3세, 이스라엘왕 요아스, 이스라엘왕 여로보암 2세, 유다왕 웃시야, 이스라엘왕 베가)

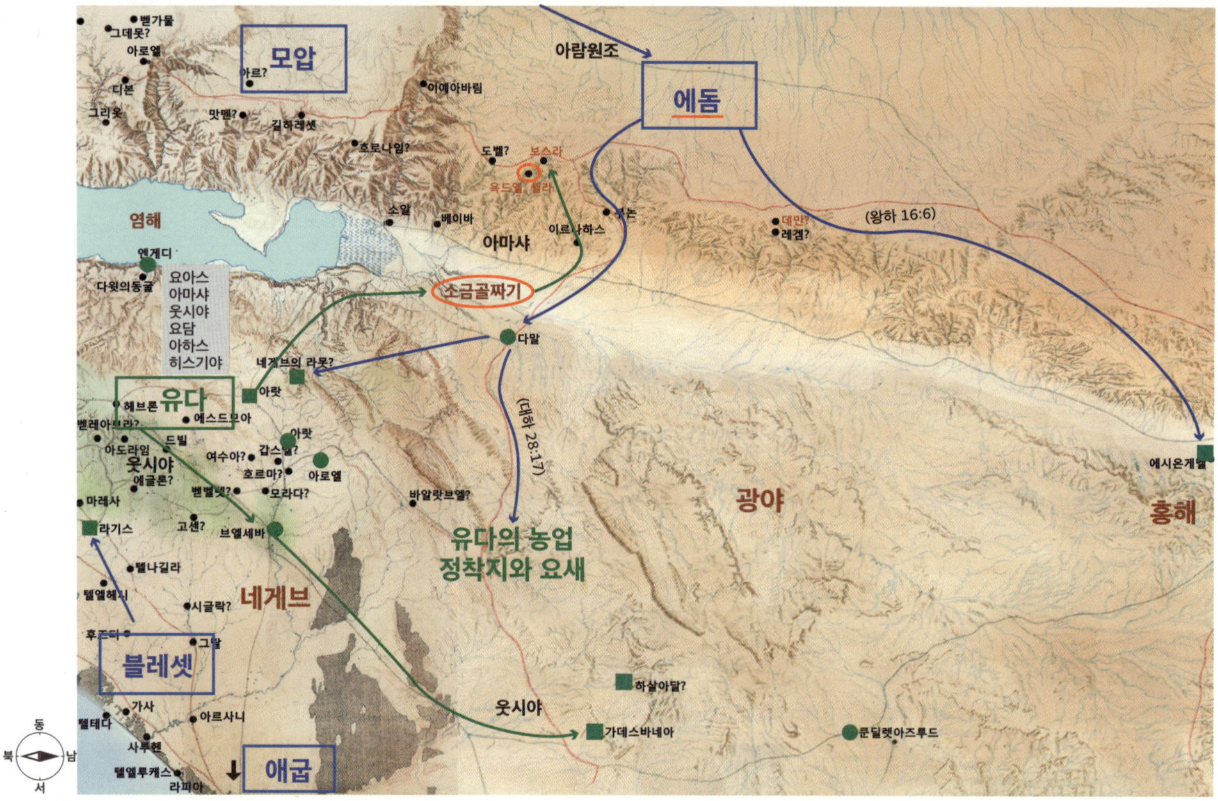

열왕기하 4: 유다의 아마샤, 웃시야, 아하스 시대(유다왕 아마샤, 유다왕 웃시야, 유다왕 아하스)

열왕기하 5: BC 8세기 남북 왕국을 향한 선지자들의 경고(아모스 선지자, 호세아 선지자, 미가 선지자)

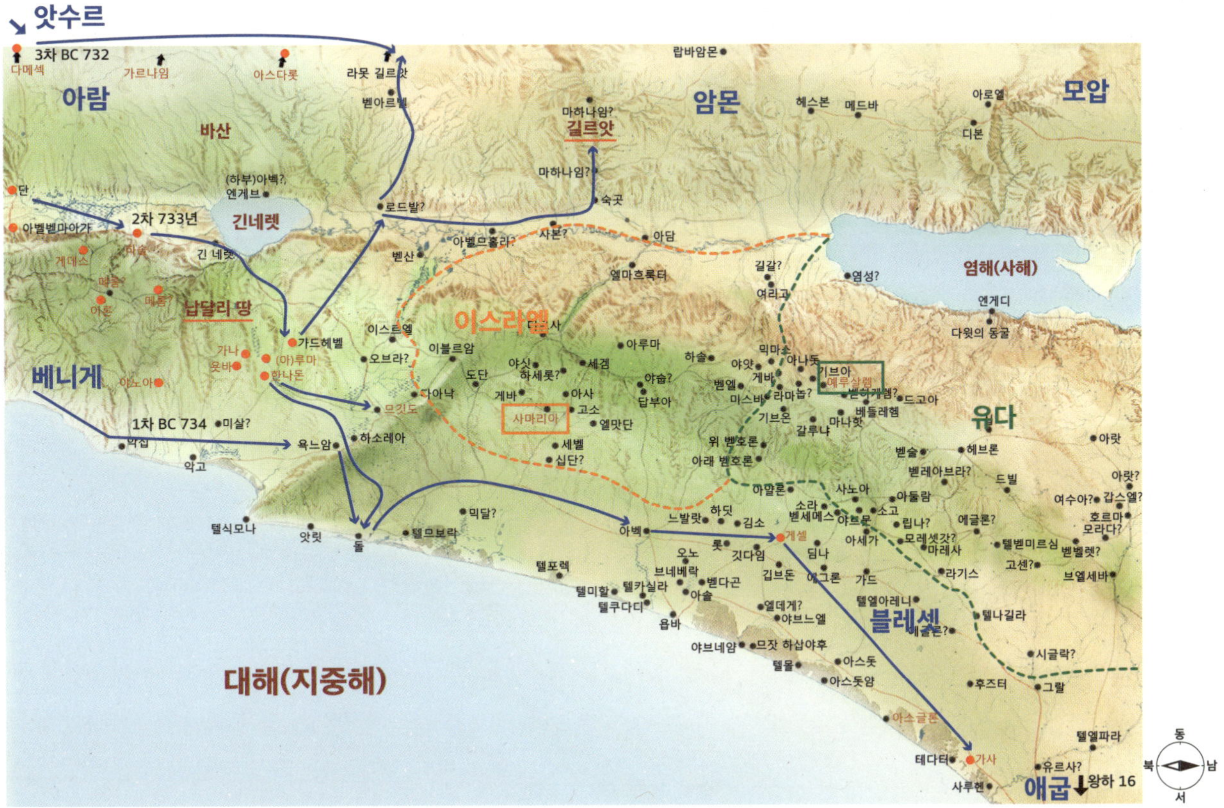

앗수르
3차 BC 732
다메섹
가르나임
아스다롯
라못 길르앗
벧아르벨
아람
바산
암몬
모압
마하나임?
길르앗
헤스본
메드바
아로엘
디본
랍바암몬
단
2차 733년
아벨벧마아가
(하부)아벡?,
엔게브
긴네렛
로드발?
숙곳
사본?
아담
긴 네렛
벧산
아벨므홀라?
엘마흐록터
염해(사해)
염성?
엔게디
다윗의 동굴
납달리 땅
가드헤벨
이스르엘
이스라엘
가나
(마)루마
한나돈
옷바
벨니게
베니게
아노아
오브라?
이블르암
도단
세겜
아루마
야숩?
답부아
하솔
야앗
믹마스
벧엘
아나돗
기브아
예루살렘
벧하게렘?
드고아
베들레헴
유다
게바
미스바
라마
라마놉?
기브온
마나핫
갈루나
다아낙
므깃도
1차 BC 734
미살?
악십
악고
욕느암
하소레아
사마리아
고소
엘맛단
세벨
십단?
위 벧호론
아래 벧호론
벧술
헤브론
벧레아브라?
아룹
드빌
아랏?
갑스엘?
호르마
오라다?
여수아?
텔식모나
앗릿
돌
텔므보락
믹달?
아벡
게셀
느발랏
하딧
김소
아얄론
소라
벧세메스
사노아
아둘람
소고
야르뭇
립나?
에글론?
아세가
모레셋갓?
마레사
텔벧미르심
벧벨렛?
고센?
브엘세바
라기스
텔포렉
오노
롯
딤나
브네베락
벧다곤
깃다임
에그론
깁브돈
가드
텔미할
텔카실라
텔쿠다디
아숄
엘데게?
야브느엘
텔엘아레니
블레셋
텔나길라
욥바
시글락?
야브네암
므잣 하삽야후
아스돗
텔몰
아스돗얌
후즈터
그랄
아스글론
텔엘파라
테다터
가사
유르사?
사루헨
애굽
왕하 16
동
북
남
서

열왕기하 6: 앗수르 디글랏빌레셀 3세 정복 활동(1차 734년 해변 원정, 2차 733년 갈릴리와 길르앗 원정, 3차 732년 다메섹과 요단 동편 원정)

열왕기하 7: 북이스라엘 멸망(이스라엘과 유다왕, 사마리아 멸망, 앗수르 사르곤 2세 원정, 지역 명의 변경)

열왕기하 8: 앗수르 산헤립의 공격(산헤립 공격, 앗수르와 이집트 충돌, 예루살렘 공략)

열왕기하 9: 유다 말기와 멸망(유다왕 요시야, 바벨론 느부갓네살 침략)

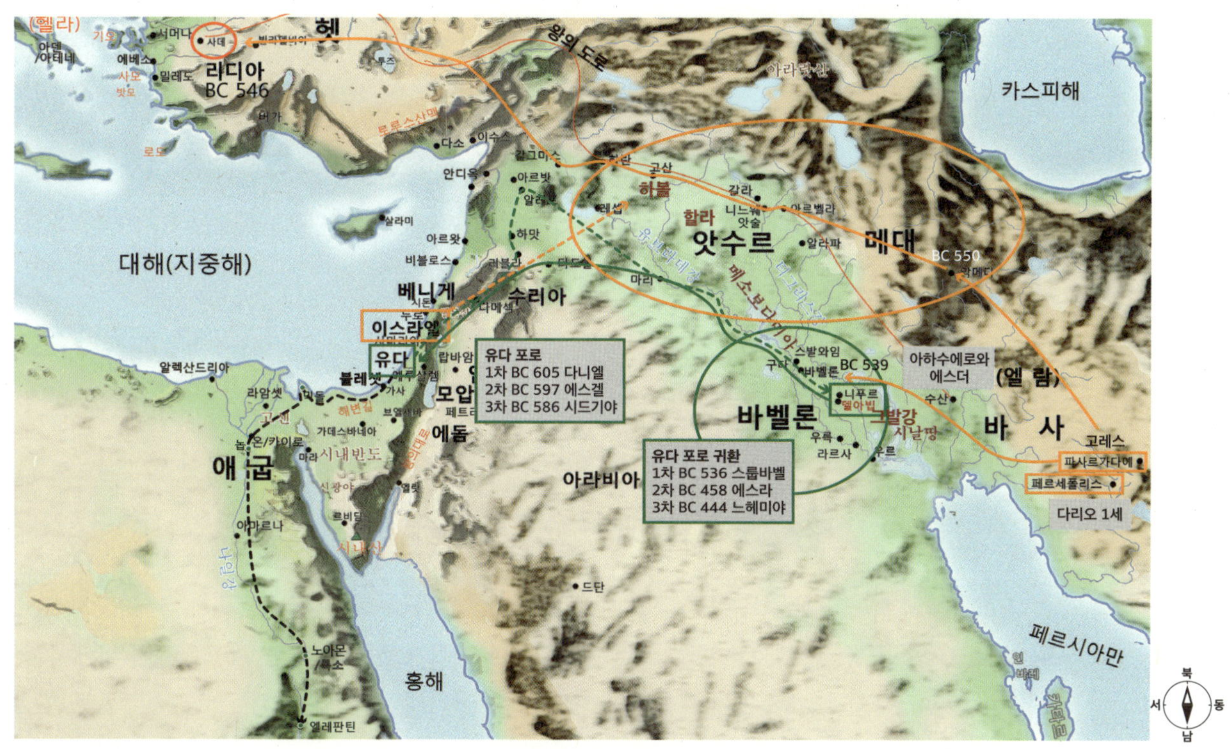

포로기: 유다의 포로기와 귀환 과정(바벨론 포로기, 바사(페르시아)의 부흥, 바벨론 포로 귀환)

포로 귀환기 그리기: 포로 귀환 후 정착 과정

믿음의 땅
성경 이스라엘
이 땅에 거류하면 내가 너와 함께 있어 네게 복을 주고 내가 이 모든 땅을 너와 네 자손에게 주리라(창 26:3)
제작: 이문범 mbmbm@hanmail.net
축척 1:750,000
남북주요도로
동서주요도로
지명찾기(지간10km)
구약도시
신약도시
신구약도시
현대도시
네게브 구약지역
이두매 신약지역
베냐민 지파이름
요단강 강 이름
북
남
동
서
아라비아 사막
모압
나바테아
에돔
암몬
베레아
갓
르우벤
데가볼리
길르앗
바산
가울라니티스
아우라니티스
드라고닛
바타네아
아람
갈릴리
납달리
스불론
잇사갈
므낫세
아셀
베니게
에브라임 산지
에브라임
사마리아
베냐민
유다 산지
유대
유다 광야
단
유다
쉐펠라(평지)
이두매
네게브(남방)
시므온
블레셋 평야
사론평야
대 해(지중해)
염해(사해)
-422m(2009년)
갈릴리바다
-212m
악고평야
광야
아라바광야
요단계곡
헐몬산 2814m
가이사랴빌립보
다메섹
두로
단
게데스
하솔
가버나움
고라신
벳새다
게네사렛
막달라
디베랴
가다라
골란
에드레이
길르앗라못
거라사
아벨므홀라
펠라
길르앗야베스
벧산
나인
나사렛
가나
가드헤벨
다볼산 588m
모레산 518m
수넴
이스르엘
길보아산 497m
하롯샘
이블르암
므깃도
요느암
갈멜산 546m
악고
하이파
돌
가이사랴
도단
사마리아
디르사
세겜
그리심산 881m
에발산 940m
실로
벧엘
아이
에브라임
믹마스
라마
미스바
기브온
기브아
예루살렘 743m
베들레헴
헤브론 1020m
드빌
아랏
엔게디
맛사다
여리고
벧다니
아담
숙곳
마하나임
브누엘
랍바암몬/암만
헤스본
느보산 802m
디본
아로엘
길하레셋
소알
욥바
텔아비브
안디바드리
아벡
룻다
모디인
엠마오
게셀
딤나
벧세메스
기럇여아림
아세가
가드
라기스
마레사
에그론
아스돗/아스도
아스글론
가사
그랄
시글락
브엘세바
소고
요단강
얍복강
아르논강
야르곤강
소렉강
아얄론골짜기
이스르엘골짜기
브솔시내
가데스바네아
보스라

MEMO

MEMO